ADRIANO GODOY

LOJAS

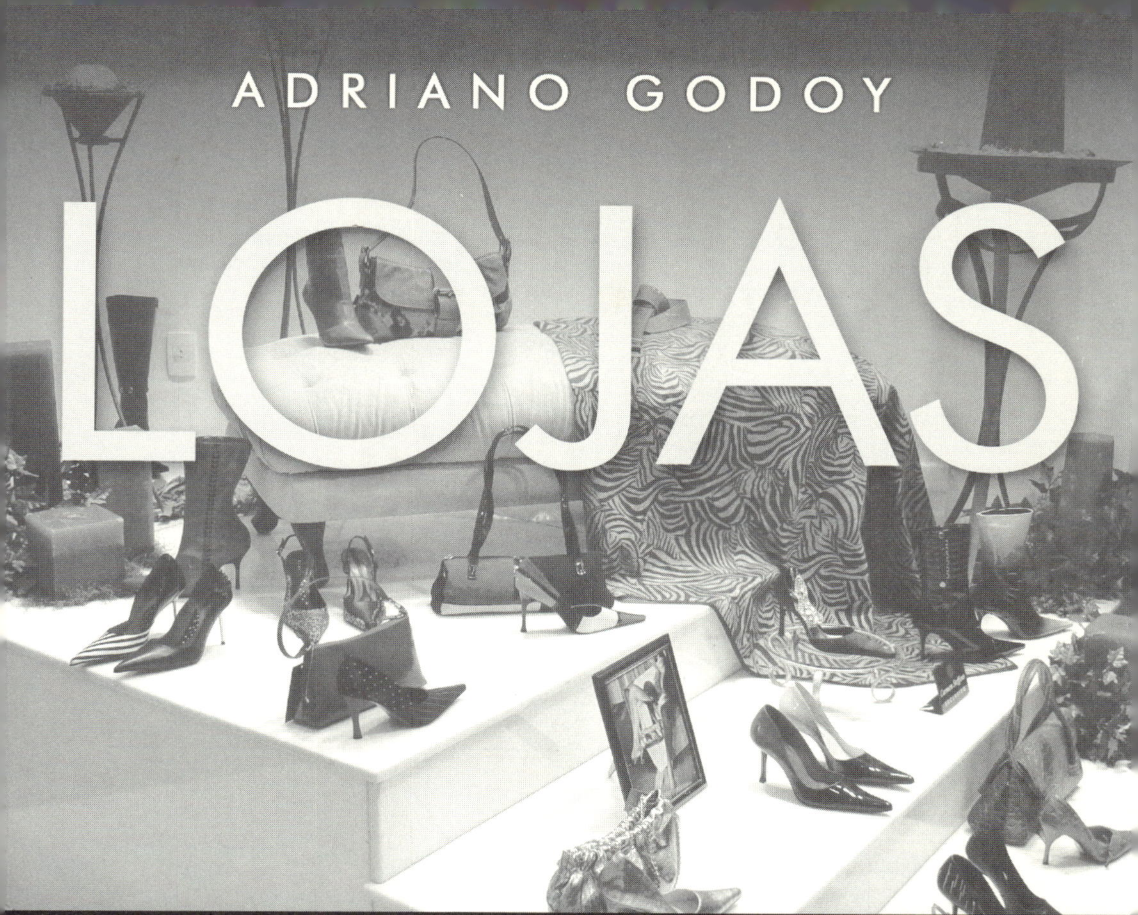

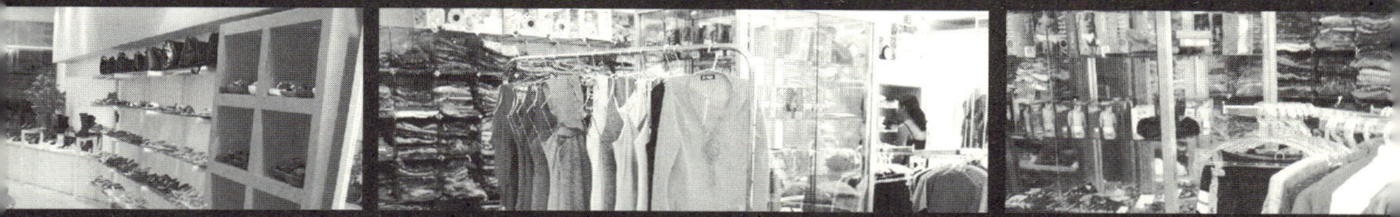

MOTIVOS QUE AS LEVAM AO SUCESSO OU AO FRACASSO

O Manual do Lojista

Copyright© 2004 by Adriano Godoy

Todos os direitos desta edição reservados à Qualitymark Editora Ltda. É proibida a duplicação ou reprodução deste volume, ou parte do mesmo, sob qualquer meio, sem autorização expressa da Editora.

Direção Editorial
SAIDUL RAHMAN MAHOMED
editor@qualitymark.com.br

Produção Editorial
EQUIPE QUALITYMARK

Capa
WILSON COTRIM

Editoração Eletrônica
MS EDITORAÇÃO

CIP-Brasil. Catalogação-na-fonte
Sindicato Nacional dos Editores de Livros, RJ

G532L
    Godoy, Adriano
        Lojas : motivos que as levam ao sucesso ou ao fracasso : o manual do lojista / Adriano Godoy. — Rio de Janeiro : Qualitymark, 2004.

        Inclui bibliografia
        ISBN 85-7303-523-4

    1. Comércio varejista – Administração. 2. Lojas.
    I. Título

04-2278.
                                                  CDD 658.87
                                                  CDU 658.87

2005
IMPRESSO NO BRASIL

Qualitymark Editora Ltda.
Rua Teixeira Júnior, 441
São Cristóvão
20921-400 – Rio de Janeiro – RJ
Tel.: (0XX21) 3860-8422

Fax: (0XX21) 3860-8424
www.qualitymark.com.br
E-Mail: quality@qualitymark.com.br
QualityPhone: 0800-263311

Agradecimentos

Agradeço à minha esposa, que sempre acreditou em meu potencial.

À minha mãe, que sempre desejou o melhor para mim.

A meu pai (in memoriam), que estaria orgulhoso deste projeto.

E a todos os meus clientes, que sempre acreditaram em meu trabalho e compartilharam comigo seus conhecimentos e suas experiências.

E não poderia deixar de reconhecer a iniciativa da direção da editora, que acreditou neste projeto que, certamente, muito tem a contribuir para seus leitores.

Adriano Godoy
Consultor Empresarial

Apresentação

Esta obra tem por objetivo fornecer estratégias e ferramentas de gestão no varejo, tendo em vista o ambiente competitivo vivido atualmente no Brasil. O leitor interessado em descobrir melhores caminhos para buscar melhores resultados em seu negócio encontrará aqui inúmeras sugestões de procedimentos, que vão desde a compra até a entrega do produto ao consumidor.

São pelo menos dez os bons motivos para ler este livro:

1. Aumento da lucratividade de sua loja;
2. Técnicas de exposição de mercadorias para gerar mais vendas;
3. Organização da loja de dentro para fora a fim de dinamizar ainda mais sua equipe;
4. Criar uma identificação melhor com seu público-alvo, para que possa vender mais;
5. Afastamento de alguns erros que inviabilizam seu negócio a médio e longo prazo;
6. Desenvolvimento de uma cultura vencedora em sua loja;

7. Aprender a conquistar seu cliente potencial;
8. Seleção da melhor equipe de vendas;
9. Melhoramento da imagem de sua loja;
10. Identificação dos riscos e benefícios do mercado.

Os passos seguintes permitirão que você entenda o esquema desta obra:

1. Um texto dinâmico e repleto de informações e exemplos já vividos durante o trabalho de consultoria do autor junto às mais diversas lojas.
2. Poderá ser lido de forma contínua como também se tornar um manual de consultas permanente.
3. Possui programas já testados e aprovados que poderão ser implantados na busca de melhores resultados.
4. É proveitoso para empresários, gerentes e vendedores de lojas, instrutores, consultores, palestrantes, enfim, todo mundo que deseja conhecer mais sobre o universo do varejo.
5. Os exemplos citados na obra são baseados em casos reais, porém os nomes são ficcionais. Qualquer semelhança é mera coincidência.
6. O autor compartilha experiências e metodologias próprias, bem como algumas outras igualmente eficazes utilizadas por outros grupos empresariais, como as do Grupo Friedman, que o consultor considera especialista no ramo do varejo, com treinamentos gerenciais e de vendas de alto nível.
7. Caso lhe interesse completar algum assunto, entre em contato com o autor, que estará disponibilizando seu e-mail e telefone no final do livro.

Parabéns pela sua escolha e bons negócios!

Adriano Godoy
Consultor Empresarial

Prefácio

Um dos grandes desafios do comércio varejista no século XXI é simplesmente sobreviver ao ambiente instável dos mercados no Brasil. Ser empresário nos dias atuais não é a mesma experiência de alguns anos atrás. As habilidades diante de mercados cada vez mais competitivos exigem deste novo empresário o domínio de técnicas de gestão de seu negócio para que possa promover a continuidade e a sustentação de sua loja.

Como exemplo, podemos citar o comportamento de seus fornecedores primários. As fábricas já não produzem como antes e nem se restringem a um número limitado de opções. São inúmeras as fábricas atuando dentro de certos segmentos e com variedades de itens que podem determinar novos nichos de mercados, estimulando uma concorrência cada vez maior entre os lojistas.

A linha de produção mudou sua premissa básica – de produzir para vender – e agora passou a produzir aquilo que o cliente deseja, num processo muito mais dinâmico e de alternativas diversas.

Comportamento das Fábricas

Premissa Antiga	Premissa Atual
Produzir aquilo que vai vender	Produzir aquilo que o cliente deseja, almeja, precisa...
Limitação	*Diversidade*

Resultado: quebra de algumas lojas, sucesso de outras.

No início dos anos 90, chegou-se a acreditar que o consumidor não possuía mais um padrão de compras. A crença era de que ele sairia, de uma loja de artigo de luxo, por exemplo e entraria numa loja de R$ 1,99 com a mesma naturalidade, ficando impossível determinar qual o padrão que estaria sendo seguido. Hoje, a idéia é um pouco mais complexa: existem padrões, porém de uma variedade assustadora e com uma instabilidade imprevisível, cabendo ao empresário coletar o maior número de dados possíveis sobre o comportamento do consumidor e, principalmente, interpretar corretamente esses dados na hora de definir o posicionamento de seu negócio no mercado.

Em meio a um ambiente dinâmico e moldado pelo comportamento do consumidor, que, por sua vez, está cada vez mais variado, é necessário que a loja encontre seu foco se quiser sobreviver no mercado. E este foco precisa tornar coerente a loja em todo seu contexto, envolvendo: compras, projeto da loja, público-alvo, gerenciamento, perfil da equipe de vendas, posicionamento, localização, tipos de produtos, faixa de preço...

Depois de descobrir qual a vocação de seu negócio e direcionar todo o contexto de sua loja para um foco de identificação, de tal maneira que buscar a lucratividade e reduzir o estoque sejam os principais objetivos de agora em diante, o lojista saberá, portanto, que o segredo da sobrevivência reside na necessidade de atuar sobre os pequenos detalhes de sua loja.

Adriano Godoy
Consultor Empresarial

Colaboradores

Lianda Calçados

Lojão Macdel

João Rabelo (fotografia)

Bela Fotos

Neusa Produções Fotográficas

Loja Pintou Novidades

Sumário

Introdução 1

Capítulo 1
Cenário Atual do Varejo
- *As Quatro Frentes de uma Loja* 7
- *Sua Loja Vende Menos do que Poderia Vender* 11
- *O Papel Fundamental da Gerência* 24

Capítulo 2
Primeira Frente: Compras
- *A Questão da Variedade* 59
- *Ciclo Vicioso das Vendas* 62
- *Um Mercado Sazonal* 66
- *Princípios da Compra Eficaz* 69

Capítulo 3
Segunda Frente: Projeto
- *Erros que Matam uma Loja* 81
- *Milagre: Gerar Novidades sem Investir* 86
- *Orientações Quanto à Vitrine* 89
- *A Questão do Foco* 91

Capítulo 4
Terceira Frente: Marketing
- *Níveis de Atendimento* 97
- *Erros na Propaganda* 99
- *Mídia Conservadora* 101
- *Época de Promoções* 102

Capítulo 5
Cultura de Vendas
- *Categorias de Vendedores* 107
- *Envolvendo Equipe de Vendas* 111
- *Erros mais Comuns no Comércio* 117
- *Falta de Qualificação: um problema sério* 119
- *Aspectos da Seleção* 121

Capítulo 6
Incrementando as Quatro Frentes
- *Setor de Compras* 125
- *Promoções* 127
- *Marketing: O Poder da Segmentação* 129
- *Fidelização* 131
- *Cadeia de Identificação* 133
- *Saúde Financeira* 135
- *Quadrante da Loja* 137

Conclusão 141

Bibliografia 145

Introdução

Quando comecei no ramo da consultoria empresarial, encontrei muitos empresários que me diziam em alto e bom som:

"Eu Estou Disposto a Mudar!"

Aquilo me entusiasmava, pois, afinal de contas, eles estavam dispostos a tomar novos rumos, e eu tinha uma proposta de estratégias para eles. Mas, com o passar do tempo, pude compreender que essa vontade de mudar não coincidia com as ações que se seguiam. Percebi, então, que estávamos falando de mudanças diferentes.

Eu esperava uma transformação de dentro para fora, uma mudança na maneira de pensar do empresário, o que estava em minha mente era simplesmente:

"Mudança de Conceitos."

Mas quando o empresário estava falando comigo sobre mudanças, referia-se a um outro tipo de transformação, que não estava ligada a conceitos como eu esperava. Ele falava de:

"Mudança de Estruturas."

Ele queria apenas idéias sobre como deveria agir em termos de compra, de layout, de marcação de preço, de funcionário etc. Nós estávamos falando de mudanças, mas não necessariamente do mesmo tipo de mudanças, por isso, não conseguíamos o acordo que parecia estar sendo concretizado. Demorou um certo tempo para que eu percebesse isso, e, depois de alguns dissabores e fracassos, pude entender o seguinte:

Havia um conflito entre:

Mudança Externa × *Mudança Interna*

E essa mudança interna não viria diante de uma exposição teórica, e muito menos de alguém sem experiência concreta no varejo. Foi então que decidi me dedicar de uma forma especial ao comércio varejista, tendo atendido a centenas de clientes nos últimos anos. Ensinando e aprendendo com cada um deles, contribuindo com conceitos e compreendendo as mudanças estruturais. E dessa experiência com meus amigos empresários nasceu esta obra, que procura estar bem dentro da realidade dos negócios hoje em dia.

Você empresário, gerente, vendedor, instrutor, consultor, aspirante em atuar no comércio, enfim, independentemente de seu interesse na arte de como conduzir uma loja, apresento-lhe um produto acabado e lapidado com anos de experiências que poderá contribuir, e muito, para sua atuação no mercado.

---

*Se você tem uma certa experiência no comércio,
é importante que conheça a divisão desta obra literária:*

15% = *Novidade;*

15% = *Coisas que você já sabe e pratica diariamente em seu negócio;*

70% = *Coisas que você já sabe mas não está fazendo na prática.*

Este livro abrange problemas comuns vividos no comércio varejista, tais como:

- Erros nas compras.
- Desgaste com funcionários.

- Perdas de vendas.
- Perdas nos estoques.
- Competitividade.
- Insolvência.
- Mau uso da vitrine.
- Problemas disciplinares.
- Problemas de desempenho.
- Erros nas reformas das lojas.
- Perdas de clientes.
- Erros na formação de preços.
- Mau gerenciamento.
- Entre outros...

Todos esses tópicos e muitos outros contemplados propõem uma mudança estrutural e conceitual, de dentro para fora e de fora para dentro, para se conseguir melhores resultados.

"Pois este não é um livro para ser simplesmente lido. Ele foi criado para ser seguido. É tudo aquilo que você sempre precisou saber sobre loja, mas ainda não lhe ensinaram, e muitas dessas coisas você teve que aprender na prática".

Capítulo 1

Cenário Atual do Varejo

As Quatro Frentes de uma Loja

O sucesso ou fracasso de uma loja no comércio atualmente depende do desempenho empresarial em quatro frentes consideradas fundamentais nos dias de hoje:

Setor de Compras

Comprar com eficiência é essencial para o sucesso de uma loja, de tal maneira que haja menos estoque e mais giro de mercadorias. Comprar mal tem sido a principal causa de quebras no comércio nos últimos anos.

Projeto da Loja

Seu layout, sua localização, seus móveis, vitrines, araras, prateleiras etc. Seu projeto como um todo influencia de forma decisiva no sucesso ou fracasso que obterá frente a seus clientes.

Marketing & Propaganda

O ambiente interno de uma loja pode ser seu principal cartão de visitas, mas nada que dispense uma boa utilização da mídia conservadora. Quando falamos de mídia conservadora, falamos em investimento mínimo e efeito máximo.

Cultura de Vendas

É necessário se criar dentro de uma loja um ambiente voltado para vendas. Isso vai além de simplesmente treinar; é preciso instituir uma verdadeira cultura de vendas.

Atuar de forma competente nessas quatro frentes determinará o sucesso ou fracasso de sua loja, seguindo-se a seguinte premissa básica: *sua loja está sempre melhorando ou piorando, ela nunca fica estável num mercado concorrido e dinâmico como o do varejo.*

Pergunta-se: Como saber se o meu negócio não está piorando?

Resposta: *É simples, se ele não estiver melhorando, estará piorando. Lembra-se da premissa básica?*

E essas melhorias devem acontecer exatamente em cima daquelas quatro frentes principais do varejo. Como seu negócio está em relação a cada uma delas?

Existe todo um ambiente que financia esse quadro de instabilidade no mercado, composto por variáveis como:

- O poder aquisitivo do brasileiro caiu nos últimos anos.
- A concorrência entre lojistas aumentou.
- O cliente é bombardeado todos os dias por milhares de opções que disputam seu bolso.
- Mão-de-obra não qualificada disponível no mercado de trabalho.
- Não existe um curso de formação empresarial que prepare para o desafio do varejo.
- O cliente está cada vez mais exigente e imprevisível.
- Disputa entre regiões e shopping pela hegemonia de serem centros preferidos de compras.
- Nível de desemprego crescente a cada ano.
- Arrochos das políticas econômicas e monetárias nacionais.
- Tecnologia em constante processo de transformação, gerando produtos cada vez melhores.
- Outras variáveis.

Como diz sempre um de meus clientes, proprietário de farmácias: "Essa situação está **irremediável**!"

Setor de Compras

Comprar, hoje em dia, tem sido o grande desafio dos lojistas. Você precisa comprar de forma profissional, pois na compra de produtos das fábricas para compor o mix da loja você está sempre sujeito a errar. E esse tipo de erro tem sido uma das principais causas de fechamento de lojas. Então, existem dois princípios que não podemos esquecer:

1. Todas as vezes que compramos para montar o mix de produtos estamos sujeitos a erros.
2. Sempre existe uma margem de erro nas compras, que precisa ser reduzida na medida do possível.

Isso ocorre principalmente pelo fato de estoque parado ser sinônimo de prejuízo. Estoque elevado significa menos capital de giro e risco de perda. Enquanto nosso capital fica empacado no estoque, o produto vai perdendo sua vida útil.

"Um produto feminino, por exemplo, como um calçado ou um vestido, possui uma vida útil de aproximadamente 60 dias. Se dentro desse período ele não foi vendido, corre um sério risco de ficar encalhado, empacando o capital de giro necessário para manter as despesas da loja e proporcionar seu lucro."

Quanto mais próximo da realidade eu comprar, melhor para minha loja.

Diante desse quadro de extrema competitividade pelo bolso do cliente, cabe ao lojista preparar cada vez mais seu negócio para estar na mente do consumidor. O cliente que sai para o consumo, nos dias de hoje, está mais exigente, mais apressado, reclamando do preço, mais ciente de seus direitos e com inúmeras opções para gastar seu dinheiro. Ele é cada vez mais infiel às marcas, aos pontos-de-venda e aos antigos hábitos de consumo. A loja que queira sobreviver terá de se preparar para atrair e se identificar com seu público-alvo. Do contrário, tem poucas chances de sobreviver ao novo perfil de consumidor.

Mas como comprar mais próximo da realidade se eu não souber para quem vou vender? Esse é um assunto que veremos mais adiante, no Capítulo 2.

Projeto da Loja

Outra parte que interfere na saúde financeira da loja é seu projeto e tudo que o envolve. Fazem parte do projeto da loja:

- Sua localização: importantíssima para sua sobrevivência.
- Suas instalações: como está seu layout?
- Seus móveis: quais os cuidados que você deve ter com eles ao reformar ou abrir uma loja.
- Suas vitrines, araras, displays etc. Precisam se tornar verdadeiras ferramentas para promover vendas.

Detalhes envolvendo o projeto de loja veremos no Capítulo 3.

Marketing & Propaganda

Existem dois aspectos da propaganda de uma loja a se considerar: um deles é o ambiente interno e, o outro, a utilização da mídia.

Ambiente Interno:

É preciso trabalhar a comunicação interna com o cliente para promover uma situação próxima da fidelização.

Uso da Mídia:

Deve-se utilizar o marketing conservador, que é investir o menos possível e, ainda assim, construir uma marca no mercado.

Outros detalhes serão apreciados no Capítulo 4.

Cultura de Vendas

Mais do que treinamento em vendas, é preciso que a loja tenha uma cultura de vendas, que não nascerá da noite para o dia, mas deverá ser construída diariamente.

Mais detalhes veremos no Capítulo 5.

Sua Loja Vende Menos do que Poderia Vender

Nesses anos todos atendendo ao varejo, pude aprender uma coisa: as lojas estão vendendo menos do que poderiam. Tome por base o número de pessoas que entram numa loja e o número que realmente comprou e a quantidade que saiu sem levar nada.

Chamamos esse fenômeno que promove a perda de oportunidade de vendas de **Antivenda.**

Eis alguns exemplos de antivenda:
- Mau atendimento.
- Mau uso da vitrine.
- Má localização.
- Falta de foco.
- Gerência ineficaz.
- Estoque desorganizado.
- Vendedores despreparados.
- Clima inadequado na loja.
- Falta de promoções.
- Loja estática.
- Iluminação inadequada.

Quando permitimos que situações como essas ocorram, estamos praticando a antivenda.

Pesquisas indicam que 80% das vendas que acontecem no comércio são inusitadas. As pessoas não saíram para comprar, mas foram vítimas do impulso de comprar. Precisamos estar preparados para vender a uma fatia cada vez maior desse mercado.

Você, por exemplo, compra mais por desejo ou por necessidade?

Alguém me disse que só compra por necessidade. E eu perguntei: "É mesmo? Quantas coisas você já comprou até hoje e que poderia ter vivido sem elas?"

As pessoas compram de forma emocional, mas precisam de uma justificativa lógica ou uma sensação de vantagem. Por isso, precisamos preparar nossos vendedores para descobrir os desejos que estão por trás de cada impulso de comprar.

Por exemplo: A mulher quando compra batom, o que está desejando de fato?

Resposta: Ficar mais bonita. Por isso, podemos dizer que ela está comprando beleza.

Observe que a fábrica de batom não está preocupada em falar da fórmula que se utiliza no produto, mas sim em mostrar uma mulher maravilhosa, de bem com a vida usando aquela marca.

É isso que faz vender, mais do que o produto em si.

Nos anos 70, as marcas de sabão em pó falavam a respeito de sua fórmula especial de limpeza. O OMO inovou descobrindo que o que as donas-de-casa gostavam mesmo era de receber elogio do marido pelas roupas branquinhas. As propagandas até hoje giram em torno de uma roupa mais branca.

O sujeito compra o carro do ano. No início, ele não sabe se olha mais para frente ou para os lados. É a emoção de usar um carro novo. Nesse caso, mais do que carro, ele comprou status. Vendedor que souber vender status vende o carro para ele.

*Descubra desejos escondidos e venda emoções.
O produto vai junto.*

As pessoas, quando saem para comprar, possuem desejos que precisam ser descobertos. A mulher se tornou um dos maiores mercados consumidores dos últimos anos. Quando compra um vestido, por exemplo, mais do que um vestido, ela provavelmente estará comprando beleza, bem-estar, estilo e, em alguns casos, até mesmo status. A loja que souber vender esses benefícios conseqüentemente venderá mais produtos.

Pesquisas indicam que as pessoas estão consumindo, na maioria das vezes, de forma inusitada. Com o advento do Plano Real, na época do governo Fernando Henrique Cardoso, os hábitos de consumo mudaram. As pessoas podem prever melhor os seus gastos, e isso leva a um consumo mais desordenado. O consumidor estoca menos e por isso sai mais para as compras. Mas pesquisas indicam que grande parte das vendas acontecem de forma não programada. A pessoa não sai para comprar, mas durante seu trajeto é atraída por um produto, ou pela vitrine de uma loja, e pronto: ela acaba cedendo ao impulso de comprar, ou, de pelo menos, de dar uma olhadinha.

Treine seus vendedores para descobrirem desejos escondidos, necessidades que impulsionam as pessoas a irem às lojas. Esses desejos são descobertos por meio da sondagem do cliente. Vendedor que vende sem descobrir esses desejos está vendendo menos do que poderia vender.

- Quando você vende sem sondar necessidades, o foco é o produto;
- Quando você vende sondando necessidades, o foco é o cliente;
- Por isso, nesse segundo caso, o interesse em comprar aumenta, pois quando você está focando minhas necessidades e não a sua necessidade de vender, meu interesse em comprar tende a aumentar.

Impulso de Comprar

Um de meus clientes farmacêuticos colocou próximo ao caixa um produto de salgadinhos e batatas fritas em pacotes de uma marca famosa no Brasil. Enquanto os pais vão pagar, a criança já chega com a mão no pacote. Ele gosta mesmo é quando o menino mete os dentes no pacote e rasga, deixando o pai sem alternativa de não levar.

Produto certo no lugar certo gera poder de sugestão.

Qual é o lugar certo?

É o lugar onde o cliente vai passar com mais freqüência.

Há poucos dias, estava num supermercado e fui vítima desse impulso de comprar. Ao pagar no caixa, vi uma caixa de fitas de vídeo com uma promoção interessante. Não tinha ido comprar fitas, mas acabei levando cinco daquelas.

Impulsos de comprar são gerados por desejos pessoais, que precisam apenas de uma sensação de vantagem para justificar a compra. Explore mais isso em sua loja, e as vendas inusitadas acontecerão com mais freqüência do que você espera.

Uma estratégia muito utilizada por lojistas é a melhor exposição de produtos que estimulam mais o impulso de comprar, considerados produtos âncoras.

Produtos âncoras precisam ser destacados, pois impulsionam mais as vendas.

Quanto aos Produtos Âncoras, pode-se fazer ainda:

- Colocá-los em mais pontos da loja;
- Colocar próximo a eles produtos complementares, também conhecidos, dentro do vocabulário de vendas, como produtos adicionais.

Exemplos:

- Quem compra uma blusa pode também levar uma saia.
- Quem compra um calçado pode levar uma bolsa, ou um cinto etc.
- Quem compra ração para cães pode também levar um sabonete especial para limpeza dos pêlos.

Produtos adicionais devem estar próximo aos Produtos Âncoras.

A estrutura de uma loja pode influenciar um funcionário desde o primeiro dia em que ele entra nela. Se for uma loja muito luxuosa, ele poderá se empenhar um pouco mais no início, influenciado por toda aquela estrutura. Mas o mesmo funcionário poderá ter um comportamento diferente se trabalhar em uma loja de estrutura mais popular, caindo já nos primeiros dias o seu desempenho. Isso porque estrutura influencia até um certo ponto. Porém, com o passar do tempo, essa interferência tende a cair. Por isso, é necessário criar uma cultura na loja que passe a influenciar mais do que a estrutura.

Podem-se criar os valores competitivos de uma loja, independente de sua estrutura física. Comece respondendo à seguinte pergunta: "Quais são as cinco coisas em que sua loja é empenhada?" Esse poderá ser seu fundamento competitivo, que norteará todos os comportamentos de seu negócio. Para isso, é preciso envolver o funcionário num sistema de crescimento e de qualidade. Mas por que só cinco itens? Porque com dez, por exemplo, sua loja pode se perder. É preferível menos itens com mais fidelidade, pois se for diferenciada das demais em pelo menos cinco itens, já será um grande passo para frente.

Nas lojas, tende a acontecer o fenômeno das vendas casadas, em que um produto puxa outro complementar, fazendo crescer o giro de mercadorias. Quem compra uma blusa pode também comprar uma bermuda ou um cinto. Por isso, existem os produtos chamados "âncoras", que podem influenciar para a compra de outros, chamados "adicionais". É importante expor esses produtos de tal maneira que aumente esse impulso de comprar sempre mais do que se estava pretendendo levar.

É preciso trabalhar com a percepção de valor do cliente, pois quanto maior for tal percepção, maiores as chances de se levar um produto. Já vimos que o que faz vender mais o produto é quando o cliente percebe o valor que esse produto tem, ou, ainda, as vantagens que ele adquire ao comprar o produto.

Vantagens + Benefícios = Aumento das Vendas

Assim, na proporção em que se amplia o valor do produto na percepção do cliente, aumentam-se também as vendas dos produtos disponíveis na loja. Por isso, hoje em dia se fala muito em "Valor Agregado ao Produto", e o que é mais importante:

Valor Agregado ao Mix de Produtos

Eu agrego valor ao meu mix quando começo a oferecer produtos seguindo o princípio:

"Atender o Cliente com Aquilo que ele Precisa"

A loja consegue fazer isso quando seu foco e sua função no mercado são definidos em função do cliente.

Abrindo uma lacuna para um grande questionamento:

E o lucro? Não deveria ser esse o foco principal, a grande finalidade de um negócio?

Toda loja é obrigada a ter lucro, se pretende sobreviver no mercado. Mas o lucro não tem de ser um fim em si mesmo, mas principalmente um meio para se conseguir cumprir uma meta maior:

ATRAIR O CLIENTE.

Parâmetros para que uma loja tenha seu foco no consumidor e possa atraí-lo mais:
1. Quem é o meu cliente?
2. Quando ele compra, quais são os benefícios e vantagens que visa?
3. Quais são seus costumes?
4. Qual é, seu nível socioeconômico?
5. Quais são os seus gostos e suas preferências?
6. Qual é a sua faixa etária?
7. Qual é a sua profissão?

Tudo isso para responder à seguinte questão:

"O que mais minha loja pode oferecer a ele?"

Ao procurar responder a essas questões, a loja encontra mais o seu foco e pode direcionar a composição do mix de produtos para as necessidades e desejos de seus clientes, agregando valor a ele. Em meio a tantas opções que o cliente encontra para gastar seu dinheiro, passando por um bombardeio diário de informações e propagandas, ele tende a comprar em lojas com as quais mais se identifica.

Cliente dá preferência a lojas com as quais mais se identifica

Portanto, uma coisa puxa a outra:

Identificação ——— Atração ——— Aumento do Lucro

As pessoas possuem estilos diferentes, que estão geralmente ligados à faixa etária, personalidade, estilo de vida, condição sociocultural, formação etc. Cada vez mais, os clientes tendem a ir em lojas com as quais se identificam. É fundamental descobrir qual o estilo de seu cliente principal, para que possa se concentrar mais nele, aumentando com isso o seu foco de vendas.

Outro passo importante para assegurar que o valor está sendo agregado a seu mix é melhorar a comunicação com o cliente. É preciso facilitar a identificação de produtos que são procurados pelos consumidores.

> **Exemplos:**
>
> Há poucos dias atendi a uma lanchonete dentro de um shopping cujo diferencial era vender uma variedade de doces e bombons que não se encontravam na praça de alimentação. O simples fato de a lanchonete ter colocado plaquinhas nas bandejas identificando os recheios dos bombons e os nomes de todos os doces fez com que as vendas aumentassem.
>
> Lembro-me também de uma confeitaria que simplesmente por ter mudado o nome de "quindim" para "pudim", fez com que o doce saísse mais e não ficasse para o dia seguinte.

Procure mostrar o produto de tal maneira que facilite ao cliente sua identificação e adequar seu mix às necessidades dos consumidores. Cuidado com a parte estética dessa exposição. Alguns produtos impulsionam as vendas quando suas exposições exploram o "design", promovendo a atração para o melhor de sua estética.

Produtos amontoados não atraem clientes.

Todas essas medidas visam cumprir o principal papel de uma loja quando abre suas portas ao mercado:

Loja existe para fidelizar o cliente ao ponto-de-venda.

Existem dois fatores que promovem essa fidelização:

Valor + Confiança

É preciso agregar valor a seu mix de produtos e saber mostrar esse valor na exposição das mercadorias. Percepção de valor é fundamental para que o cliente compreenda o benefício de comprar em sua loja. À medida que esse valor é percebido, aumentam as visitas ao ponto comercial.

Outro passo importante é a confiança. Se o cliente não confia em sua loja, não compra lá diretamente. Mas se ele confiar, não significa que vá comprar. Mas se ele não confiar, dificilmente comprará.

É difícil conquistar a confiança do cliente.
Perder, porém, é muito fácil.

Fatores que dificultam a fidelização e a confiança:
- Mercado competitivo.
- Opções inúmeras de ofertas por toda parte.
- Redução do poder aquisitivo.
- Falta de um padrão de compra por parte do cliente.
- Clientes cada vez mais exigentes.
- Falta de parceria junto aos fornecedores.
- Práticas enganosas da concorrência.

Num mercado semelhante, o consumidor percebe que não existem muitas novidades entre um ponto comercial e outro. Nesse caso, pequenos detalhes podem fazer a diferença.

Esses detalhes precisam girar em torno de oferecer ao consumidor:
- Mais comodidade.
- Mais conhecimento (capacidade de informar).
- Mais atenção.
- Menos tempo.
- Menos incômodo.
- Menos dúvidas.

Se o seu diferencial for simplesmente preço e prazo, a imagem de sua loja fica comprometida por dois fatores fundamentais:

1. Sua loja fica desvalorizada, pois o cliente passa a ir lá em busca de preço, reduzindo sua margem de lucro;
2. Tudo que é barato tende a ser desvalorizado, e até mesmo desperta a desconfiança. Como diz o ditado popular: "Quando a esmola é boa demais..."

A curto prazo, pode parecer vantajoso fazer o melhor preço do mercado, mas a questão em jogo é a sobrevivência do negócio. As vendas precisam oferecer uma margem de lucro que possibilite à loja dar conta de seus compromissos financeiros, ao mesmo tempo em que reduza sua necessidade de capital de giro. Somado a isso, ela precisa de um consumidor que perceba o valor de suas ofertas para realizar vendas satisfatórias, tanto em quantidade como em qualidade.

Mais adiante, no capítulo que trata do Setor de Compras, falaremos mais sobre este assunto na parte "Formação de Preço".

As práticas para escoamento do produto podem girar em torno de duas iniciativas:

1. Redução de Preço

Menos recomendada, mas muito comum no meio lojista, principalmente no fim de estação, quando o produto permanece em bom número no estoque. Essa tendência de alguns lojistas atrai esse tipo de cliente de fim de estação num ciclo vicioso, em que o preço de venda fica próximo, igual e em alguns casos até abaixo do preço de custo (preço pago à fábrica ou atacado pela aquisição dele).

2. Aumento do Valor

Práticas que aumentam cada vez mais os benefícios em torno do produto que tendem a aumentar a percepção de valor por parte do cliente em potencial (consumidor). Essas práticas tornam-se eficazes quando são incorporadas à história da loja, o que pode promover algo próximo à fidelização do cliente.

Mas cuidado para não pagar o mico nesta história!

Entretanto, é importante que se tenha cuidado quando for implementar alguma melhoria, para que isso não venha a se voltar contra a loja. Um bom atendimento é requisito básico para o cliente.

Existem lojas de capital, por exemplo, que possuem filiais no interior e mandam para seus clientes diretamente da matriz cartas que identificam-no como sendo especial. Enquanto isso, seus vendedores nas próprias filiais estão tratando mal seus clientes. Isso acaba prejudicando o pós-vendas.

Lembro-me de uma loja de confecções que resolveu colocar uma estilista que criava o modelo do vestido de acordo com o que o cliente queria. Muitos clientes, porém, reclamaram da falta de delicadeza dessa profissional, que acabou espantando alguns deles da loja. Ela se sentia tão especialista que não fazia a menor questão de dar um bom tratamento aos fregueses. O tiro saiu pela culatra.

Inovações sem bom atendimento não salvam a imagem da loja.

Mestres do Café
Ricardo Mendonça

Haja sofisticação para acompanhar a evolução do gosto do freguês. Até na hora do cafezinho. Hoje em dia, não basta ter a maior, mais moderna ou mais vistosa máquina de expresso. Restaurante de vanguarda tem no quadro de funcionários um profissional especializado em operá-la à perfeição: o barista. Trata-se de alguém que domina todas as etapas do preparo de um café impecável, da moagem à xícara. Além disso, o barista improvisa em cima da tradição, criando drinques com a bebida. O velho e bom *irish coffee* é só o começo.

Texto extraído da revista *Época*, de 30 de junho de 2003.

A reportagem – que serve como exemplo ilustrativo – falou ainda a respeito do surgimento de outras inovações neste setor, destacando expressões como Café Gourmet, cafés especiais e até mesmo Café do Autor, entre outros produtos diferenciados. Tudo isso para atrair mais o cliente e fidelizá-lo.

Tenha cada vez mais uma loja que se identifique com seu cliente e utilize a seguinte seqüência na demonstração do produto:

Ver ——— Tocar ——— Experimentar

Levando o cliente a seguir esse roteiro diante do produto, as chances de vendê-lo aumentam consideravelmente.

Mais adiante, quando estivermos falando a respeito do Projeto da Loja, iremos abordar outros aspectos da comunicação com seu cliente, enfatizando dessa vez os detalhes visuais.

Busca pelo Nicho

Mais do que nunca, o empresário precisa estar preparado para as mudanças que ocorrem no mercado. Existem dois fatores que pesam na sobrevivência da loja e que merecem a atenção de todos aqueles que possuem seus empreendimentos.

Comportamento Variado do Consumidor

Não existe mais um padrão de compra ou de comportamento social por parte do consumidor, o que dificulta muito para uma loja definir qual o perfil de seu cliente em potencial.

> Exemplo:
>
> A mãe gosta de se vestir como a filha, que normalmente segue as tendências da moda. Esse comportamento é muito comum em meio à sociedade moderna, que vê no consumo uma busca incansável pela felicidade. Nós vivemos uma sociedade que trocou o valor do "ser" pelo valor do "ter". A moda, hoje em dia, dita regras e impõe estilos diferentes daqueles que as pessoas tinham alguns anos atrás. E a mídia ganha um papel fundamental como elemento de referência para muitos.

Empresário de lojas que vendem moda precisa estar atento ao que acontece na MTV, nas novelas ou em Malhação.

Uma vendedora conseguiu vender mais tamanquinhos recentemente apenas porque disse que eram os mesmos que uma artista tinha usado no capítulo anterior da novela das oito horas.

Esteja atento ao que acontece com:
- Tendências da moda.
- Consumidor.
- Concorrência.

Produto bom todo mundo tem, mas, por isso,
é preciso oferecer um diferencial.

A questão é: que motivos o consumidor tem para entrar em sua loja e comprar nela e não na de seus concorrentes? E o mais importante: que motivos ele tem para voltar?

Daí a necessidade de se buscar novos nichos de mercado, aliados a um atendimento "esperto", pois não existe mais um negócio novo, exclusivo e que não tenha similares.

*É muito difícil existir um produto que
todo mundo queira e ninguém tem.*

Essa dificuldade de encontrar nichos produz alguns comportamentos empresariais.

Operações de Off-Price

São os grandes supermercados vendendo a um preço atraente produtos que se encontram no varejo, como, por exemplo: perfumaria, farmácia, padaria, lanchonete, calçados, confecções etc.

Procura pelo Interior

Grandes lojas das capitais brasileiras estudam a possibilidade de abrir filiais no interior do Estado, como um nicho novo de mercado e novo público consumidor. É preciso que as lojas do interior se preparem cada vez mais para ser bem competitivas.

Procura pela Periferia

A busca por novos mercados continua, por isso, muitas lojas dos grandes centros procuram abrir filiais nos bairros e periferias, buscando uma fatia maior do mercado. É muito comum uma farmácia ou padaria, por exemplo, que atendia há anos a comunidade local se surpreender com a chegada de outros estabelecimentos similares no bairro.

*É preciso se preparar para essas mudanças,
pois elas serão cada vez mais comuns.*

O Papel Fundamental da Gerência

Por incrível que pareça: quando esse ambiente de competitividade e instabilidade no mercado aumenta, uma das primeiras coisas que os empresários reclamam é da falta de comprometimento da equipe de vendas. Pesa sobre os ombros dos gerentes a missão de aumentarem as vendas e manterem sua equipe cumprindo suas obrigações. Sua meta também precisa ser uma loja padrão.

Ao falarmos do cenário atual do varejo no Brasil, não podemos ignorar a importância do gerenciamento de uma loja. Uma loja que esteja organizada e que venda bem deve ser a meta de todo bom gerente, em meio a esse ambiente de mudanças. Para que ele possa obter um estabelecimento nessa condição, é necessário que todas as suas operações aconteçam sem nenhum impedimento ou atraso.

Ele Necessita de uma Loja Padrão.

Uma loja padrão é aquela que se prepara no sentido de ser de fato uma matriz, caso o negócio seja ampliado. As operações são padronizadas de tal maneira que a experiência de uma loja matriz passa a ser bem aproveitada no caso de abertura de uma filial. A padronização permite isso, pois deixa mais claro quais os procedimentos esperados pela gerência para as operações da loja.

Em seu funcionamento interno, a loja trabalha com produtos e, por isso, precisa ser administrada com muita competência para que suas operações sejam eficazes nas seguintes fases:

a) Recebimento da mercadoria.

b) Estocagem adequada do que foi comprado.

c) Exposição da mercadoria.

d) Venda da mercadoria.

e) Registro das vendas.

f) Entrega do produto.

Todas essas operações mostram que a loja possui duas partes bem interligadas: A parte operacional e a parte de vendas propriamente dita, e ambas são assumidas pelo gerente, que as executará por meio de sua equipe.

Da mesma forma que não existe um gerente operacional e um gerente de vendas, também não existe um funcionário de vendas dedicado somente a vendas. Em tese, as tarefas da loja devem ser executadas por todos os funcionários, sem exceção, e sob a supervisão do gerente.

> Exemplo:
>
> Um empresário me procurou e solicitou que treinasse sua equipe de vendas, pois estava tendo dificuldades em vender e os resultados não eram bons. Para sua surpresa, me recusei em dar o treinamento, e disse:
>
> *"Deixe-me conversar primeiro com sua gerente e depois falo qual é o problema de sua loja."*
>
> Esse tipo de conduta, passei a assumir depois que pude perceber a importância da atuação do gerente da loja.
>
> *Gerente existe para fazer com que a loja venda mais por meio de sua capacidade de liderar.*

Para isso, o gerente precisa ter as seguintes características:

- Determinação.
- Autoridade.
- Reconhecimento.
- Autonomia.
- Ser treinador.
- Ser vendedor.
- Estar ligado em tudo que acontece na loja.
- Ter iniciativa.
- Passar segurança.

- Maturidade.
- Disposição.

Um bom gerente interfere sempre nos resultados da loja: melhorando-os.

Uma loja precisa estar organizada diariamente, de tal maneira que todas as tarefas sejam realizadas sem nenhuma anomalia ou impedimento. Isso só pode acontecer quando os vendedores sabem o que a loja espera da cada um deles. Então, o papel do gerente é deixar claro para sua equipe quais são os procedimentos necessários para que as tarefas sejam executadas.

Exemplo:

Recentemente, encontrei em uma loja de confecções femininas dois problemas gerenciais:

1º - *Falta de Autonomia*

As funcionárias tinham liberdade para solicitar da proprietária algumas coisas que deveriam ter sido solicitadas à gerência da loja. Dessa forma, a gerente perdia a autonomia, e as funcionárias tiravam proveito disso.

Eram comuns situações como essas:

"Vou precisar de você no sábado, viu?" (gerente)

"Não vou poder, não. Já falei com a dona da loja e ela me deu folga neste sábado para eu viajar." (vendedora)

Resultado: gerente sem saber dessas decisões, perdendo autoridade diante de sua própria equipe.

Depois, a empresária queria resultados.

Mas resultados como? Se ela estava inviabilizando qualquer possibilidade!

2º - *Manipulação*

Uma vendedora estava manipulando a equipe de vendas com conversinhas nos bastidores da loja. Certa vez, ela conseguiu fazer com que uma gerente ficasse insegura em relação a uma funcionária nova,

Capítulo 1 – Cenário Atual do Varejo

levando-a a crer que perderia seu lugar para essa vendedora que "estava muito cotada" pela empresária, que a contratou diretamente. Resultado: a gerente manipulada secou a funcionária e seu desempenho caiu assustadoramente, perdendo uma boa vendedora em fase de adaptação.

Bom gerente sabe quando está sendo manipulado pelos interesses dos vendedores.

Já dissemos que a loja padrão pode ser considerada uma loja matriz, pois possui procedimentos padronizados para todos os funcionários, mas esses procedimentos só serão realizados pela equipe de vendas se ela quiser e se souber fazer.

Padrão Operacional

Querer fazer   Saber fazer

Querer fazer é diferente de saber fazer, mas ambos os processos podem facilmente ser confundidos. Veremos isso mais adiante.

Qual é a importância do Padrão Operacional hoje em dia nas lojas brasileiras?

Apesar de capacitado e com espírito empreendedor admirável, o comerciante brasileiro, na maioria das vezes, não está preocupado com esse padrão operacional, e isso lhe fará muita falta não somente para o livre curso das operações em sua loja, mas principalmente quando abrir uma filial, pois ele aproveitará menos do que poderia da experiência anterior, exatamente pela falta de um padrão operacional.

Quando padronizo operações, elas ficam claras em minha loja e poderão ser mais facilmente transportadas para minha outra loja. Do contrário, a minha outra loja será uma experiência nova aproveitando-se menos da anterior, pois tende a ter outros problemas, porque as pessoas que estão lá não são as mesmas da outra.

Pessoas diferentes + Ausência de Padrão = Experiência Diferente

Essas diferenças podem ser tão grandes a ponto de se perguntar: será que realmente uma loja é de fato filial da outra? Apesar de ter sido aberta uma outra loja com o mesmo nome, mesmo produto e para atender ao mesmo tipo de cliente.

É simples: se não houver matriz, não há filial, e sim outra loja.

Como você poderá dizer que abriu uma filial se a primeira loja não tiver de fato sido preparada para ser uma matriz? Daí a importância da padronização, formando-se com isso uma cultura de departamento, em que uma filial tende a aproveitar tanto aquilo que foi sucesso na matriz que ela se parece até um departamento dela, pois age dentro de um mesmo padrão. Ela já nasceu mais estruturada porque aproveitou muito de uma outra estrutura operacional, mesmo com uma gerência nova e funcionários diferentes.

Alguém já deve estar discordando: "Essa conversa de Padrão Operacional pode deixar a loja engessada e se tornar uma grande burocracia".

Não confunda criar uma estrutura com burocratização.

Uma das máximas da Psicologia:

O homem é um produto do meio em que vive.

Crie um meio operacional sadio em sua loja que concorra para aumentar as vendas. Mais do que treinar seus vendedores para um bom atendimento, crie a cultura do bom atendimento.

Para que isso se torne realidade, você precisa buscar uma realidade de departamento.

O empresário brasileiro é um exemplo de bom empreendedor, mas nem sempre prepara sua loja para abrir filiais, pois simplesmente abre um novo negócio. Falta nele a cultura do departamento.

A loja tende a ter a cara que o gerente der a ela.

Prepare sua loja para se tornar de fato uma matriz, de tal maneira que os funcionários sejam submetidos a uma cultura sadia.

São dois os fatores que determinam o sucesso gerencial de uma loja:

1. Cultura operacional.
2. Cultura de atendimento.

Quais as estruturas que formam esses dois fatores?

Resp.: procedimentos e desempenhos.

Padronizando Filiais

Uma loja precisa estar preparada para gerar outras, aproveitando-se a experiência inicial. Quando isso não ocorre, os prejuízos aparecem, tais como:

- Funcionários não cumprem procedimentos óbvios, deixando os empresários e gerentes desgastados com as atitudes erradas, aumentando o número de rescisões contratuais;
- Cada filial de uma matriz acaba sendo uma experiência nova, ao passo que deveria haver um padrão, de tal maneira que uma loja fosse gerada pela outra aproveitando-se de sua estrutura;
- Cada loja de um grupo lojista passa a ter seus próprios problemas, sem que a experiência com uma sirva de fato como suporte para outra.

E tem mais: isso aumenta o risco de um declínio na fase de transição da empresa, quando, em muitos casos, os filhos assumem os negócios de seus pais.

Por isso, as lojas precisam ser preparadas para aproveitar mais da experiência anterior, seja para a fase de transição, seja para abertura de filiais.

Procedimentos

O primeiro passo para se criar uma loja padronizada e estruturada é diferenciar as obrigações dos procedimentos.

Para isso, um gerente precisa sair do nível gerencial comum do "o que fazer". Ele precisa trabalhar mais no nível do "como fazer".

Obrigações = O que fazer

Procedimentos = Como fazer

Na tarefa de diferenciar obrigações de procedimentos, vejamos um exemplo prático:

Obrigação: limpar uma mesa.

Procedimento: a maneira como será limpa, com os detalhes necessários para que a limpeza aconteça em todas as partes e não seja somente superficial.

Mas espere aí! O funcionário deveria saber como fazer.

Deveria, mas não sabe!

E você vai se desgastar se esperar que ele saiba o que fazer do jeito que você entende que deve ser feito. Porque o seu conceito de como deve ser feito é diferente do dele.

Muitos gerentes se preocupam em dizer o que fazer, mas poucos se concentram no como fazer. Todas as vezes que isso acontece, o funcionário realiza a tarefa da maneira como entende que deve ser feito. Com isso, a loja deixa de ter um padrão operacional, e cada um faz à sua maneira.

Exemplos:

Há poucos dias, estava numa loja de móveis que possui um grande show room. Na limpeza, um dos funcionários mais cuidadosos reclamava que estava sobrando para ele limpar o interior dos guarda-roupas, porque os demais funcionários não tinham essa preocupação, por isso, ele ficava sobrecarregado. A falta de uma padronização estava fazendo com que alguns funcionários praticassem a lei do mínimo esforço, enquanto outros, mais cuidadosos, ficavam desgastados e demais ocupados com a parte operacional. Isso aumentava o risco de se mostrar um produto sem a devida limpeza para o cliente. Já pensou o interior do guarda-roupas com teia de aranha? Você compraria daquela loja?

Primeiro Passo: a loja de móveis foi setorizada, e cada vendedor assumiu um setor, que passou a ser de sua responsabilidade todos os dias, com revezamentos semanais.

Segundo Passo: definimos um padrão operacional orientando horários e procedimentos para a limpeza dos móveis.

> **Será que você já consegue imaginar qual foi o nosso terceiro passo naquela loja de móveis?**
>
> Para esclarecer o terceiro passo que tomamos, permita-me dar um outro exemplo de uma loja que já estava num nível operacional melhor:
>
> Conversava com uma gerente durante consultoria a uma loja de calçados e ela me informava como estava acontecendo a manutenção do estabelecimento: "Nós chegamos mais cedo, cada vendedora assume seu setor e passa um pano úmido..."
>
> Depois de ela relatar tudo, perguntei: "Você sabe o que está faltando para completar as boas orientações que tem dado em relação à limpeza da loja?" Ela ficou pensativa e não soube o que responder.
>
> Orientei: "Transforme tudo isso em normas por escrito e você estará de fato criando um padrão operacional consistente".
>
> Esse foi o meu terceiro passo na loja de móveis.

É preciso orientar procedimentos e padronizá-los por meio de normas escritas.

Com normas por escrito, fica mais fácil se estabelecer o padrão operacional, de tal maneira que a estrutura da loja vai sendo formada e evita uma velha desculpa de vendedor:

"Eu não sabia que era para fazer assim!"

Com isso, a loja entra no padrão. E o padrão nasce daquilo que está sendo feito de maneira correta e das soluções dadas aos problemas que aparecem.

Surge o impasse: Eu não determinei, mas eles deveriam saber, e aí?

É uma questão de opção gerencial: você pode criar procedimentos padrões por escrito e fazer com que sejam cumpridos, ou ficar reclamando que seus funcionários não fazem procedimentos óbvios e que não acompanham sua linha de raciocínio naturalmente.

Se seus funcionários estivessem em seu nível, acompanhando toda a sua linha de pensamentos espontaneamente, eles não estariam ali, teriam seu próprio negócio. Aquele funcionário modelo dos seus sonhos não existe.

E o que é pior:

Todas as vezes que alguém deixa de fazer o que deveria ser feito, deixa de se desenvolver. Se o gerente não ficar atento, acaba executando um serviço que seria da competência de seu funcionário. E quando isso ocorre, ele acaba impedindo o desenvolvimento do funcionário, que fica sujeito à lei do mínimo esforço.

Sem padronização operacional, o cenário da empresa fica sujeito às seguintes situações:

- Oposição entre o operacional e a necessidade de reduzir custos, ampliar as vendas e atender melhor.
- Funcionários executando operações conforme entendem que deve ser feito, ocasionando diversas falhas no fluxo dos serviços.
- Gerência inoperante sem conseguir com que a equipe execute as tarefas de forma satisfatória para a empresa.
- Os gerentes querem estar fazendo alguma coisa, mas outras coisas os impedem, o que resulta num acúmulo excessivo de tarefas.
- O principal objetivo da empresa passa a ser se organizar, ao passo que deveria ser: buscar estratégias para maximizar o lucro e reduzir desperdícios. Por isso, dizemos que a empresa está concentrada em apagar incêndios.
- Clientes insatisfeitos porque alguém da equipe deixou de executar um procedimento simples, resulta em grande perda.
- Desgaste da gerência e da diretoria, aumentando o clima de desconfiança, insatisfação e intranqüilidade.

Quando o quadro é este, é preciso uma grande mudança no estilo gerencial!

Todo esse quadro mostra a necessidade de mudar para poder sobreviver ao momento de grandes transformações que o mundo está vivendo. Ser empreendedor ou gerente exige novas habilidades em relação ao que era alguns anos atrás.

Para que as orientações se tornem eficazes dentro da loja, é preciso dar a elas uma estrutura de norma. Um dos melhores roteiros que já vi foi elaborado pelo Grupo Friedman, especialista em varejo nos Estados Unidos e que trouxe para o Brasil um dos melhores cursos gerenciais hoje disponíveis no mercado.

Observação Importante: *O programa que iremos apresentar a seguir jamais deve ser implementado para mostrar à equipe que as coisas estão mudando. Ele só funciona se as coisas mudarem de fato.*

E, para isso, é necessário o total comprometimento da direção da loja em todos os seus detalhes.

Essência do Programa

O programa se baseia em três princípios básicos para sua execução:

1º Princípio: Compromisso

Ao se candidatar a uma vaga em sua loja, pressupõe-se que o candidato queira trabalhar, o que vai além de se conseguir mais um emprego. Isso dá à empresa o direito de exigir que as tarefas sejam executadas à sua maneira. Foi estabelecido mais do que um contrato de trabalho, mas um compromisso de comportamento a ser exigido.

2º Princípio: Normas

Só existe uma maneira de não se perder diante da situação: munir-se de normas e procedimentos por escrito, que farão com que todos os funcionários trabalhem de acordo com o mesmo padrão operacional. Na ausência disso, corre-se o risco de as tarefas serem realizadas de acordo com o que cada funcionário entende que deve ser feito.

3º Princípio: Alto Comprometimento

Não existe a menor possibilidade de se implantar um programa como este se não houver um total comprometimento por parte da gerência. O sucesso do programa depende de uma mudança de cima para baixo; do contrário, vamos nos perder no meio do caminho.

Erros gerenciais mais comuns:

1. Gerente como manual a tiracolo.

Quando a gerência da empresa cumpre esse papel de ser consultada até mesmo para procedimentos que os funcionários já deveriam saber e estar fazendo, ela impede o funcionário de se desenvolver. Aos poucos, vá cortando esse cordão umbilical.

Exemplo:

Numa loja de móveis, era de fundamental importância que os vendedores soubessem onde se localizavam os fornecedores, antes de fazer uma previsão de entrega de mercadoria que não tivesse disponível no estoque. Pedidos feitos por lojas dentro do Estado chegavam em questão de dias. Mas se as fábricas fossem de fora do Estado, o pedido demoraria um período bem maior.

Alguns vendedores estavam acomodados em perguntar à gerente de onde era a fábrica. E quando a gerente não estivesse presente? Uma lista foi afixada num ponto estratégico e discreto da loja, de fácil consulta, e, em pouco tempo, todos já sabiam a localização só pelo hábito de consultar.

2. *A cultura do mais ou menos*

Temos o péssimo hábito de dizer: "Vai assim mesmo". Com isso, vamos convivendo com o "mais ou menos" e toleramos o mau desempenho, sem que os funcionários se sintam responsabilizados para executar o melhor. Se não está bom, corrija o processo, para que os resultados sejam satisfatórios.

Relato:

Certa vez, em uma empresa de outdoor, estávamos implantando o "5s" e, numa de nossas reuniões com a equipe que coordenava o programa, as pessoas chegaram atrasadas porque no dia anterior uma chuva muito forte tinha derrubado pelo menos seis placas que estavam ocupadas com propaganda do cliente. A empresária foi chegando na reunião com a cabeça no problema e simplesmente se dirigiu a mim dizendo: "Estamos pegando parte da reunião, você não repara não, mas estamos com muitos problemas hoje". Eu simplesmente não respondi, e eles continuaram o assunto.

Quando a atenção de todos se voltou para mim, esperando que começasse a reunião, recusei veementemente: "Esta reunião não pode ser realizada hoje, porque um programa como este não pode ser empurrado com a barriga. Se nós não sabemos nem como nos reunir de forma organizada e pontual, como iremos começar um programa deste nível que exige extrema disciplina? Eu até acho que o assunto que vocês estavam tratando era de fato mais importante, mas uma coisa não pode inviabilizar a outra. Era o caso de terem chegado no horário que combinamos e explicado que não poderíamos realizar a reunião nesse dia, por motivo de força maior. Mas vir aqui e atropelar uma reunião como esta é matar um projeto. Portanto, esta reunião de hoje se tornou completamente inviável. Sugiro que marquemos uma outra data e tenhamos mais consideração com ela".

Aquela atitude, aparentemente radical, surpreendeu a todos que estavam na reunião. O casal empresário que dirigia a firma ficou de olhos arregalados, além do gerente e coordenadores, pois estavam acostumados a fazer as coisas sem tanta disciplina. Mas o impacto daquele cancelamento acabou se tornando um marco para todos eles, e o que se notou a partir daí foi um espírito maior de compromisso que possibilitou o êxito nas ações que vieram a seguir.

3. Excesso de companheirismo

Se o funcionário não cumpre um padrão e ainda assim nós atendemos a uma de sua solicitações pessoais, estamos premiando o mau desempenho dele e, em outras palavras, dizendo que não há problema. Digamos que ele precise de uma folga e naquela semana não tenha seguido conforme as regras. Negue a folga associando essa decisão a seu mau desempenho. Cuidado com o excesso de companheirismo. Todos os funcionários são iguais perante as normas. É claro que casos extremos podem ser exceção.

Recomendação Pessoal

Sabemos que a função do gerente é zelar pela execução das tarefas e desempenho dos funcionários. Quando ele desiste, o quadro tende a piorar. Se ele abrir mão da disciplina, por exemplo, os funcionários tendem a relaxar.

Exatamente por ser essa figura que cobra desempenhos e procedimentos, aconselho aos gerentes não contratarem para sua equipe: parentes, conhecidos, colegas de infância, irmão de igreja...

Às vezes, perde-se um bom amigo e ganha-se um péssimo funcionário. Existe uma séria tendência de se misturar as coisas.

4. Concentrando-se em atitudes

Orientamos nossos funcionários pensando em termos de atitude, e, com isso, deixamos de nos concentrar em procedimentos para corrigir as atitudes. Quando alguém tem uma atitude incorreta, o problema não é o ato em si, mas a ausência de procedimento correto. Esclareça isso para a pessoa que está errando.

5. Uso de expressões vagas

Constantemente, vemos empresários utilizando expressões vagas com seus funcionários, como, por exemplo:

- *Você precisa de mais comprometimento!*
- *Fulano não veste a camisa da empresa.*
- *É preciso vender mais!*

Apesar de comumente utilizadas, essas expressões pouco têm a dizer, pois não servem para estabelecer procedimentos que realmente possam levar a resultados melhores.

> Nesses casos, podemos dizer que o gerente está jogando conversa fora.
> <u>Ele fala, fala e não diz nada.</u>

Mudando a Forma de Orientar

A orientação deve ser:

1. Racional.
2. Objetiva.
3. Pertinente.
4. Direta.
5. Oportuna.

1. Racional

Existem gerentes que deixam as coisas passarem, fazendo vista grossa, mas quando ficam irritados desabafam com sua equipe de vendas. Eles não se preocupam em orientar, apenas desabafam e só conseguem com isso fazer com que os vendedores fiquem na defensiva.

Não oriente quando estiver nervoso, pois isso poderá ser visto como algo pessoal ou como implicância sua. Se os funcionários entenderem que estão sendo abordados de forma pessoal, a orientação perderá seus efeitos.

Ao orientar, use menos a emoção e mais a razão.

2. Objetiva

Concentre-se nos procedimentos específicos que precisam melhorar. Opiniões sobre o desempenho do funcionário pouco valem. Por exemplo, de que adianta dizer ao funcionário: "Você precisa de mais comprometimento". Melhor dizer: "Você deixou de fazer aquele procedimento", mostrando de fato onde está o erro.

3. Pertinente

Alguns gerentes implicam com aquilo que nada tem a ver com vendas e que está mais relacionado com valores e gostos diferentes. Você não gostar que o funcionário passe a noite na "gandaia" e tentar mudar isso não tem razão de ser, desde que a atitude não prejudique o desempenho do funcionário na loja. Antes de orientar, verifique se é pertinente a assuntos da loja e se realmente se caracteriza como um problema de fato.

> Exemplo:
> Paula era uma gerente fantástica e convenceu a empresária que a contratou de trazer para sua equipe uma vendedora que tinha trabalhado a seu lado numa loja anterior, de produtos da linha popular. O estilo extremamente extrovertido da vendedora não agradou à empresária desde o primeiro instante e, apesar de as vendas dela estarem acima da média, a gerente teve de dispor da excelente vendedora, porque a empresária havia implicado com seu jeito de ser, alegando que não tinha o perfil da loja.
> *Resultado: perda de talento em vendas.*

4. Direta

Não amenize o que você vai falar elogiando antes. Diga o que tem a dizer sem rodeios para não transmitir uma mensagem confusa. Se for para corrigir, corrija, e se for para elogiar, elogie. Nunca misture um com o outro. Tem empresário que gosta de elogiar antes de dizer alguma coisa que o funcionário esteja fazendo errado. Por exemplo: "Seu desempenho melhorou, fulano! Mas você está dando umas bobeiras na hora de executar aquela tarefa, hein?" O funcionário percebe que o elogio é apenas uma fase para se preparar para a crítica, e passa a não acreditar mais nele.

5. Oportuno

Se houve um erro, corrija o mais rápido possível. Seja oportuno. Tem pouco efeito você corrigir um procedimento errado que o funcionário executou na semana passada. Aproveite o efeito do acontecimento e corrija tão logo tenha condições para isso. Não atrase muito a orientação.

Transformando orientação em norma

Há pouco tempo, estava atendendo uma loja que atua na área da informática, com vendas e manutenção de equipamentos. Surpreendi-me quando o empresário me mostrou o manual interno em que a loja havia detalhado os mais diversos procedimentos operacionais de todos os setores da empresa. Esse empresário tinha se aposentado depois de anos em uma grande siderúrgica, e montou seu negócio decidindo aplicar nele alguns conhecimentos que adquirira em 17 anos de indústria.

O manual se assemelhava à cultura do padrão operacional que ele havia adquirido durante sua carreira profissional. Entretanto, não conseguia colocar o padrão em prática, pois não obteve o comprometimento de sua equipe, que, apesar de ter ajudado em sua elaboração, não se comprometeu com ele.

Ele havia seguido o seguinte roteiro:

a) Levantamento do padrão operacional.

b) Elaboração do manual de procedimentos.

c) Treinamento de sua equipe com base no manual.

Entretanto, apesar de possuir um dos manuais mais bem elaborados que pude presenciar até hoje, suas ações em torno dele foram totalmente infrutíferas.

Mas, afinal de contas, o que estava faltando naquele manual para que sua eficácia fosse maior?

Faltou coerção.

Normas produzem mais efeitos em funcionários do que orientações, exatamente por seu poder disciplinar (coercitivo).

Somente a norma é capaz de estabelecer o padrão operacional.

Objetivos

1. Aplicar disciplina etapa por etapa para manter sua equipe no caminho certo e, dessa forma, evitar a rotatividade de funcionários;
2. Proteger a empresa do risco de problemas judiciais decorrentes de demissões sem justa causa.

Método de medidas disciplinares

Comece a estabelecer esse método para que seu funcionário perceba a seriedade do processo que está sendo implantado em sua empresa. Ele deve estar consciente de que a questão dos procedimentos e desempenhos é muito séria e que se não houver melhoria, poderá ocasionar uma atitude disciplinar.

Passos para o caso de uma conduta fora do padrão operacional

1. Acordo Formal

Nesse acordo, o funcionário se compromete a não cometer mais o mesmo erro. É importante que este seja feito por escrito e estabeleça um prazo para observação da conduta daquele funcionário, que pode variar de um a dois meses.

2. Primeira Advertência por Escrito

A idéia é fazer com que ele se corrija no problema e por isso receba a primeira advertência, que ficará registrada. Quando isso ocorre, há chance de ele perceber que existe seriedade naquilo que a loja está implantando e que, portanto, existe a necessidade de se adaptar.

3. Segunda Advertência por Escrito (opcional)

Algumas empresas trabalham com essa segunda chance. De qualquer maneira, o vendedor percebe que algo está mudando e que deve ser levado muito a sério.

4. Reunião Final

É a reunião oficial com o gerente que definirá se o funcionário continua ou não na empresa. Essa reunião deve ser acompanhada de ata e assinada. A decisão gira em torno de adiar a demissão, ou não.

5. Demissão

A partir do momento em que a empresa segue todas essas etapas legais e a direção da empresa está convencida de que o funcionário esgotou todas as suas possibilidades de resolver a questão, a demissão é inevitável. Neste caso, o Grupo Friedman recomenda que a reunião de demissão deve ser breve, direta e sem discussões. Qualquer tentativa por parte dele de contornar a situação deve ser ignorada. Nessa etapa, não se deve dar uma segunda chance, pois isso enfraqueceria todo o processo.

A orientação é progressiva, visando dar uma chance de mudança por parte do funcionário. Entretanto, ele deve perceber que existe toda uma seriedade envolvendo essa questão, e que a empresa não abrirá mão de suas normas e procedimentos padrões.

> Atenção:
> Se a sua norma não tem uma advertência formal e conseqüências, não se trata de norma, mas de sugestão. Só é norma quando esta traz consigo um poder de coerção.

A questão do Manual

Outro ponto abordado nesse treinamento gerencial diz respeito ao manual, uma conseqüência natural quando estamos falando de normas, pois o registro dessas normas faz nascer um Manual Oficial de Normas. Isso acontece porque as normas são seguidas quando feitas por escrito. Quando elas não são escritas, não se tornam oficiais.

Entretanto, uma observação precisa ser feita: funcionários não lêem manual. Por isso, um manual não deve ser feito simplesmente para ser lido, mas, também, como base para consulta e para respaldar a orientação gerencial, servindo como modelo e podendo ilustrar situações. Com o manual, elimina-se uma desculpa tradicional: "Eu não sabia que era para fazer assim".

Por essa razão, é importante que a empresa tenha a assinatura do vendedor confirmando o conhecimento da norma, independente de ter lido ou não com atenção seus detalhes.

É preciso se elaborar um termo de compromisso em que o funcionário declare seu conhecimento das normas e da necessidade de aplicá-las. Nesse caso, o Grupo Friedman sugere:

- Concordo em ler o manual que terei acesso na empresa.
- Estou ciente de que não se trata de um contrato de trabalho, mas uma expressão da gerência de divulgar e cobrar normas e procedimentos.
- Entendo que deverei seguir as normas do manual.
- Estou ciente de que o não-cumprimento pode justificar o desligamento da empresa.

Ao final, o gerente e o funcionário assinam, colocando a data do reconhecimento.

Cada setor deve possuir seu próprio Manual de Operações, além de um geral, denominado Manual de Normas e Procedimentos da Empresa. Paralelamente, poderá ser feito um manual mais resumido para funcionários recém-contratados, com as principais normas a serem adotadas inicialmente.

O grupo alerta também para o fato de que muitos manuais falham por não terem sido elaborados de forma objetiva e clara, o que poderia evitar maus entendimentos e interpretações errôneas de seu conteúdo. Um manual precisa ser simples, de tal maneira que basta lê-lo para que o funcionário saiba exatamente o que a empresa espera dele. Eles lembram, ainda, que é *natural que as pessoas resistam a qualquer novidade ou implementação em sua empresa, pois todo mundo prefere as coisas como sempre foram. Por isso, é muito difícil mudar as coisas da noite para o dia. Além do mais, você não está simplesmente criando documentos, está também modificando uma cultura e estabelecendo uma nova forma de seus funcionários prestarem contas de seus desempenhos.*

Mudar uma rotina é sempre um grande desafio, por ser tarefa muito difícil.

Paciência e determinação são o segredo.

Se a equipe perceber que não consegue mais atingir seu emocional (paciência) e que você não desistirá de uma parte sequer de seu projeto (determinação), exercerá sua capacidade de se adaptar, e esse é o segredo do sucesso. Da mesma forma que o ser humano tem a capacidade de resistir a programas, tem também a capacidade de se adaptar às mudanças. Aproveite isso.

Chegou a hora de mudar o jogo!

Introdução das Normas

Um ambiente de disciplina é sempre complicado de se implantar, pois é difícil para a gerência responsabilizar de fato seus funcionários, e confuso para os funcionários o novo estilo gerencial. Mudar de uma democracia para um regime normativo não é uma coisa tão simples como possa parecer.

Se você não estiver disposto a advertir sua equipe e até mesmo demitir aqueles que não se adequarem às normas, então não se trata de normas, mas de meras sugestões. Se você vai impor uma norma, é bom que esteja preparado para impor as conseqüências desde o início do projeto.

Passos fundamentais para a introdução das normas

Neste item, continuo com as idéias do Grupo Friedman, que sugere:

1. Convoque uma reunião para apresentar a nova fase.
2. Implemente somente uma norma para começar, a fim de obter 100% de adesão.
3. Justifique a existência das normas, e diga como vão beneficiar as operações.
4. Explique a norma com clareza, peça demonstração de entendimento.
5. Termine estabelecendo uma conseqüência para o não-cumprimento da norma.

O comportamento de um funcionário é determinado pelas conseqüências que a empresa estabelece.

Reforce as Normas

Dois motivos serviam de entrave para a diretoria antes da implantação desse programa:

1. Você tinha dificuldades em dar conseqüências negativas porque elas eram baseadas em opiniões, em vez de procedimentos;
2. Você repreendia sua equipe sem ter dito antes qual era de fato o procedimento correto.

Com as normas, esses problemas estão resolvidos e, portanto, você pode reforçar as normas com as conseqüências positivas e as negativas.

Desempenhos

Estive com uma gerente recentemente, e ela me disse que uma de suas vendedoras estava se destacando em vendas. Quando perguntei se sabia por que isso estava acontecendo, ela respondeu que não, mas arriscou: "Acho que é por causa de seu esforço".

Gerente não acha nada, ele precisa saber o que está acontecendo.

Visão Sistêmica

Para que um gerente entenda o que está acontecendo, precisa ter uma visão sistêmica da loja, para atuar nas causas e não nas conseqüências. Isso porque a loja é um sistema. E todo sistema é alimentado por energia.

Por exemplo:

Sistema solar: alimentado por energia solar.

Da mesma forma, a loja é alimentada pela energia que advém de cada funcionário, que, como parte integrante do sistema, dá e recebe energia.

> Por exemplo:
>
> Os funcionários jamais dirão ao proprietário da loja: "Olha, nós estamos tão satisfeitos de trabalhar aqui que vamos trabalhar três meses sem ganhar nada, sem receber qualquer salário ou comissão".
>
> Não dá. Não é assim que as coisas funcionam. Imagine, por exemplo, qual seria o desempenho de um funcionário que não estivesse recebendo nada e cheio de contas para pagar.
>
> No sistema chamado "Loja", ela dá e recebe conseqüentemente.
>
> Exemplo:
>
> Da mesma forma, a loja, enquanto sistema, não poderia chegar para seus funcionários e dizer: "Olha, nós estamos tão satisfeitos com o serviço de vocês que nos próximos três meses poderão ficar em casa, que mandaremos a comissão e o pagamento proporcional à média que vocês normalmente vendem."
>
> *Não funcionaria:* o sistema "Loja" perderia energia, e sem energia ele tende a enfraquecer e deixar de funcionar.

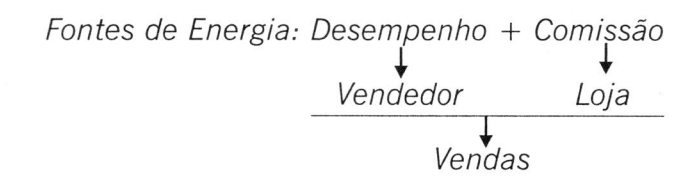

Fontes de Energia: Desempenho + Comissão
        ↓   ↓
   Vendedor   *Loja*
            ↓
         Vendas

Lojas que não trabalham com vendedores comissionados, como, por exemplo, salário + comissão, tendem a vender menos.

Visão Sistêmica em Vendas

Quando falamos em termos de sistemas, é muito comum notarmos que, às vezes, pensamos que estamos atuando em cima de uma causa, quando na verdade estamos focalizando uma conseqüência.

Imagine, por exemplo, o desempenho de uma equipe de vendas em que um ou outro vendedor se destaque consideravelmente sobre os demais. Sem uma visão sistêmica, não tem como você entender o que está acontecendo.

Cada vendedor com sua maneira de vender produz um efeito sistêmico, e esse efeito pode se traduzir em mais ou menos vendas.

O gerente que entender as causas desse efeito terá melhores condições de orientar qualquer melhoria em sua equipe de vendas. Quando ele tem essa visão sistêmica, concentra-se no processo da venda, e não no indivíduo.

Elementos a serem considerados nesse sistema:

- Oportunidades.
- Movimento da loja.
- Adicionais.
- Preço dos produtos.
- Sistema de atendimentos.
- Foco do vendedor.
- Auto-estima.
- Tempo de casa.
- Gosto pessoal.
- Segurança.
- Boletas.

Com dados em mãos, um gerente tem melhores condições de avaliar seus vendedores quanto a seus desempenhos.

É importante que o gerente observe em quais dessas características o vendedor é mais eficiente ou deficiente, para que possa melhor orientá-lo no sentido de ampliar sua performance.

Um bom gerente consegue fazer com que um vendedor que esteja em último lugar em vendas alcance os primeiros colocados.

1. Oportunidades

Serve para saber se ele não está sendo prejudicado ou beneficiado pelo número de horas trabalhadas em relação aos outros. Isso acaba se tornando um vício de alguns gerentes que, por terem um vendedor atencioso e bem disposto para atividades que não sejam vendas, sentem-se à vontade para mandá-los realizar serviços externos, como, por exemplo, ir ao banco, e depois querem que eles vendam igual aos outros.

2. Movimento da Loja

É preciso avaliar se o seu vendedor trabalha em turnos de maior ou menor movimento na loja. Isso é muito importante de se observar, principalmente em lojas que possuem sistemas de turnos, como as de shopping. Vendedores que atendem na parte da manhã podem enfrentar situações em que haja menor movimento do que os vendedores que atendem à tarde.

Ao avaliar o desempenho de algum funcionário, é preciso considerar se ele trabalha em horários de alta ou baixa movimentação de clientes em potencial na loja. Um funcionário que trabalhe em horários de pico possui maiores possibilidades de converter vendas.

3. Adicionais

Vender mais produtos para o mesmo cliente faz com que o vendedor tenha um desempenho melhor em termos de vendas. É importante acompanhar essa característica em seus vendedores, principalmente em épocas de baixo movimento na loja. Essa estratégia pode compensar o menor número de clientes.

4. Preço dos Produtos

Esse pode ser um diferencial interessante de alguns vendedores: a venda de itens mais caros. Alguns podem encontrar dificuldade em fazer isso por estarem baseados em seu próprio poder aquisitivo. Gerentes precisam incentivar a venda desses itens porque geralmente os vendedores têm dificuldades de vendê-los.

Exemplo:

Lembro-me de uma empresária que dizia sempre a uma de suas vendedoras: você não poderia trabalhar numa concessionária de automóveis de primeira linha. Ia achar caro todos os produtos e teria medo de oferecer. Essa comparação ajudou a vendedora a vencer sua resistência natural, e passou a oferecer mais aqueles produtos que ela mesma não teria condições de comprar.

Não existem produtos caros, e sim produtos com preço diferenciado.

É importante estabelecer essa nomenclatura para seus vendedores. Isso porque o preço do produto é proporcional ao conjunto de benefícios que ele oferece para seu cliente, que fazem com que seu preço seja mais diferenciado do que os demais produtos.

Por exemplo:

Produtos com acabamento à mão tendem a ser mais valorizados. Um calçado, por exemplo. Uma gerente observou que os calçados que traziam da fábrica essa identificação convenciam melhor os clientes, que percebiam o valor que o produto tinha para justificar seu preço. Numa feira de exposição em São Paulo, ela sugeriu a algumas fábricas que fizessem o mesmo.

Na proporção em que aumenta o valor de um produto, o preço tende a diminuir na cabeça do cliente. E isso pode determinar a realização ou não da venda.

5. Sistema de Atendimentos

Alguns vendedores conseguem atender mais clientes do que os demais, e isso faz a diferença no placar do fim do mês. O fato é interessante de se observar, pois nem sempre aquele que vende para mais pessoas é o melhor vendedor em termos de atendimento. Por isso, é importante que o gerente coordene melhor essa situação.

Algumas lojas utilizam o sistema de revezamento, em que cada vendedor atende por ordem, evitando que um vendedor atenda um cliente e entre na frente de outro para conseguir o próximo atendimento. É claro que nos momentos ou dias de pique essa ordem não tem como ser mantida. Mas ela serve para administrar as situações em grande parte do ano na loja. Cabe ao gerente acompanhar esse revezamento, para que ele aconteça de fato nas lojas que adotam esse sistema. Existem lojas que preferem não trabalhar por esse método. Mas isso faz parte de sua cultura.

6. Foco do Vendedor

Um dos problemas que mais atrapalham em vendas é a falta de foco do vendedor. Vendedores que vendem dando conta de quem está passando lá na rua ou pensando no capítulo de ontem da novela raramente conseguem bons resultados.

> Exemplo:
>
> Numa das lojas que atendi, havia uma vendedora que praticamente se tornou uma lenda, e até hoje se fala nela por lá. Quieta e discreta, sem chamar a atenção das pessoas para si, ela havia sido a melhor vendedora que a loja já teve. Observando-a em seus atendimentos, pude perceber uma coisa: tinha um foco totalmente ajustado no cliente. Quando começava a atender, parecia existir ali somente ela e o cliente. Isso fazia com que sua atenção às reações do cliente fossem instantâneas. Somente um outro freguês que chegasse era capaz de despertar um pouco da sua atenção naquele momento. E o resultado se via no balanço de fim de mês: ela estava sempre em 1º lugar.

Um bom gerente precisa preparar sua equipe para ter sua atenção totalmente voltada para seu cliente, não perdendo com isso nenhuma oportunidade de vender um pouco mais.

7. Auto-estima

Gerentes precisam estar atentos para a auto-estima de seus funcionários, pois isso interfere, e muito, nos resultados finais. É importante atuar naquilo que afeta a auto-estima, porque muitas vezes o próprio comportamento dos gerentes e dos proprietários da loja provocam esse efeito sistêmico negativo. Isso é muito comum acontecer em lojas de artigos mais finos, onde muitos clientes não tendem a ser muito agradáveis com os vendedores. Na parte desse livro que fala de mudança na forma de orientar, muitas dicas poderão ser aproveitadas para esses casos.

8. Gosto Pessoal

Existe uma tendência natural em todos os vendedores de vender somente aquilo que eles acham bonito ou que está de acordo com seu gosto pessoal. Aquela blusinha ou aquele produto que ele não gosta jamais serão indicados, e por isso tendem a ficar encalhados. Isso possui o efeito sistêmico de gerar menos vendas.

> Exemplo:
> Atendi a uma loja de calçados, certa vez, que tinha um bom costume de premiar a venda daqueles produtos que não estavam tendo uma boa saída. O proprietário costumava dizer que somente a vantagem de ganhar um pouco mais faria com que vendedores vendessem o que eles jamais usariam. O empresário aguçava a ambição desses funcionários.

9. Segurança

É fato: vendedores inseguros vendem menos do que poderiam vender. A insegurança desvaloriza a pessoa, e o cliente se sente incomodado, num efeito sistêmico que tende a gerar menos vendas. É preciso ser mais claro com os vendedores sobre o que realmente se espera deles, a fim de que possam estar seguros para se desenvolver em vendas.

Se você souber o que está acontecendo por trás dos resultados insatisfatórios, identificando as verdadeiras causas das perdas de vendas, suas possibilidades de conseguir uma melhoria na equipe aumentarão.

É o efeito sistêmico que nos interessa.

O corpo humano, por exemplo, é um extraordinário sistema. E quando ocorre uma infecção, ele logo avisa através da febre. Se se tratar da febre, a ênfase estará nos sintomas, mas o problema é a infecção.

Dentro de um sistema, precisamos aprender a diferenciar causas de efeitos. Atuar sobre as causas é bem mais eficaz.

Criando uma equipe vencedora

Uma loja precisa trabalhar com metas se quiser vender mais. As metas são traçadas com base no histórico da loja. Por exemplo:

No ano passado, vendemos tanto neste mês.
Este ano, queremos vender 16% a mais do que foi vendido no mesmo período do ano anterior.

Esse foi um exemplo de meta para uma loja. É claro que precisam ser considerados alguns fatores que podem interferir, como, por exemplo, uma reforma que tenha sido feita e que aumentou a capacidade da loja de estocar e expor mercadorias, fator que por si só contribui para o aumento das vendas.

Metas

Não deve faltar no sistema de uma loja o estabelecimento de metas para seus vendedores. Essas metas precisam trazer algumas características:

a) Metas Justas.

b) Metas Individualizadas.

c) Metas Progressivas.

d) Metas Básicas.

a) Metas Justas

As metas precisam estar dentro de uma realidade e, para isso, é necessário considerar fatores importantes, tais como: Quanto foi conseguido pela loja naquele mesmo período do ano passado? Houve alguma promoção especial, alguma ampliação ou qualquer outra mudança que influenciou os resultados? Metas muito acima da realidade são desmotivadoras.

b) Metas Individualizadas

Seus vendedores não estão todos nos mesmos níveis e, por isso, conseguir ampliar o desempenho individual de cada um pode trazer um resultado bem satisfatório para toda a loja no fim do mês. Evite, contudo, fazer comparações entre um vendedor e outro, apenas compare os resultados atuais de seus vendedores com seus próprios resultados anteriores.

c) Metas Progressivas

Você não deve aplicar a um funcionário novato uma meta dentro da realidade de sua equipe atual de vendas. Entretanto, não deve deixar de aplicar metas a ele, pois você sempre precisa acreditar que ele pode melhorar seu desempenho. Se na medida em que ele for desenvolvendo perceber seu incentivo e reconhecimento, sua motivação tende a crescer, e você pode ir colocando desafios um pouco maiores, progressivamente.

d) Metas Básicas

Sua loja deve ter metas básicas, ou seja, desempenho mínimo para cada vendedor, que deverá atingi-lo como condição básica para permanecer trabalhando nela. As metas mínimas ou básicas são baseadas em experiências anteriores, tratando-se de metas que foram obtidas no mesmo período dos anos anteriores.

Uma loja não deve perder o que já conquistou.

Metas incentivam vendedores a atingir melhores desempenhos. E melhoria no desempenho da equipe de vendas é uma das formas que uma loja pode utilizar para não regredir.

Metas para vendedores novatos só podem ser implantadas depois que ele realmente estiver fazendo vendas. Neste caso, você estabelece vendas mínimas e alcançáveis e o acompanha, incentivando e valorizando os bons resultados que forem acontecendo aos poucos.

Digamos que essa loja tenha três categorias de vendedores em termos de metas:

- Vendedor Inadequado vendendo R$ 1.500,00 por mês.
- Vendedor Comum vendendo R$ 2.000,00 por mês.
- Vendedor Almejado vendendo R$ 2.500,00 por mês.

O gerente, então, começa um trabalho para que cada um aumente uma categoria em termos de volume de vendas.

Vendedor	Vendas do ano passado	Vendas deste ano
Vendedor inadequado	R$ 1.500,00	R$ 2.000,00
Vendedor comum	R$ 2.000,00	R$ 2.500,00
Vendedor almejado	R$ 2.500,00	R$ 2.500,00
Total	R$ 6.000,00	R$ 7.000,00

Resultado: Houve um aumento de 16% das vendas, trabalhando individualmente os vendedores para se obterem as metas maiores. Só foi necessário que o vendedor melhor se mantivesse e que os outros melhorassem um nível.

A meta mínima nessa loja pode ser de R$ 2.000,00 a partir de agora. Isso para, no futuro, todos atingirem a meta máxima de R$ 2.500,00. O que representará um aumento de 25% das vendas do ano em relação aos últimos três anos.

Por aí, você vê o quanto custa manter vendedores abaixo da categoria média. A loja acaba perdendo muito em termos de vendas.

Fora do Sistema

Todo sistema precisa se sustentar e, para isso, geralmente possui um mecanismo que repele aquele elemento que simplesmente está roubando sua energia. Quando um elemento do sistema não compartilha e simplesmente rouba energia, é repelido naturalmente. Por esse motivo, o vendedor que não atinge a meta básica é substituído no sistema por outro que ofereça mais vendas (energia).

A importância da cultura de uma loja

Analise este caso:

Uma mulher entrava em uma loja e jamais cumprimentava as vendedoras, que estavam prontas para atendê-la. As funcionárias nunca a viram cumprimentar ninguém. Essa era uma loja simples e de linha bem popular, e a mulher tinha uma aparência de pertencer à classe média alta.

Capítulo 1 – Cenário Atual do Varejo

> *Tempos depois, uma daquelas funcionárias transferiu-se para uma loja de alto nível e pôde presenciar um comportamento diferente da mesma mulher. Na loja nova, a vendedora era cumprimentada por ela todas as vezes que entrava para comprar.*

Que nome damos a isso?

Nível de uma loja influenciando clientes.

Uma vendedora que se candidate a trabalhar em uma loja de artigos mais finos terá idéias diferentes daquelas que teria se fosse trabalhar numa loja de linha popular. Na de artigos finos, ela pensa em crescer, em ganhar mais, em trabalhar em horários de maior movimento.

Ao contrário, numa loja simples, a mesma vendedora pode estar pensando em trabalhar menos, em ficar lá por uns tempos até conseguir alguma coisa melhor, em não ficar sem ganhar nada.

É o nível da loja influenciando candidatos a vendedores.

Melhorar o nível de sua loja deve ser a meta de todo gerente

Você pode melhorar o nível de sua loja criando uma cultura que influencie funcionários e clientes no sentido de proporcionar-lhes a experiência de estar numa loja de alto nível, independente de seu produto, seja ele da linha popular ou não.

Uma loja é considerada de alto nível quando:

- Estabelece critérios claros de avaliação de desempenho de seus vendedores.
- Torna claros os procedimentos que se esperam de seus funcionários.
- Enfatiza a importância de que esses procedimentos sejam executados.
- Estabelece com o cliente um relacionamento de alta confiabilidade e competência.

Mais do que treinar os vendedores para um bom atendimento, uma loja de alto nível cria a cultura do bom atendimento, mostrando seus princípios e a importância deles para a existência do negócio, de forma insistente.

*Quando a loja pára de enfatizar seus princípios,
os vendedores se acomodam.*

Imagine a imagem que um vendedor faz de uma loja que, em seu primeiro dia:

- oferece um treinamento sistematizado;
- possui normas por escrito num manual interno que detalha tarefas, direitos e deveres;
- fornece uniforme padrão e adequado para cada estação do ano;
- aplica metas individuais, progressivas e incentivadoras;
- oferece padrão em correção e reconhecimento;
- realiza reuniões periódicas e bem planejadas.

É claro que, com o tempo, a motivação do primeiro dia tende a diminuir, à medida em que ele vai convivendo com a realidade do intenso trabalho que se realiza para que uma loja tenha bons resultados no mercado. Outro dia, estava observando uma vendedora em uma loja de confecções que durante o dia atuava como se estivesse em câmara lenta. Chegava um cliente em potencial e ela o atendia com uma expressão agradável no rosto, mas, ao perceber que não havia interesse deste em comprar, sua expressão mudava drasticamente, e ela perdia todas as chances de vender.

Porém, no fim do dia, na hora de ir embora, parecia outra pessoa. Seu ritmo era triplicado, e ela funcionava a mil por hora: "Meu passe, meu passe, meu ônibus vai passar daqui a pouco!" Era aquele desespero.

Cenas como essa tendem a se repetir, principalmente se a loja não tiver uma cultura que dê motivos para a equipe entender a finalidade de cada orientação gerencial.

Motivo + Ação = Motivação

*Motivação de dentro para fora: é o motivo natural
que cada funcionário tem para agir.*

*Motivação de fora para dentro: é a influência da
cultura de uma loja sobre seus funcionários.*

No primeiro dia de um funcionário numa loja, observamos a motivação de dentro para fora, mas ela tende a diminuir cada vez mais se não houver uma cultura criando uma motivação de fora para dentro.

O uso do uniforme influencia na cultura de uma loja?

Não somente contribui para a melhoria da imagem de uma loja para seus funcionários, como também para seus clientes. Desde que seja de bom gosto e adequado às temperaturas ao longo do ano na região onde a loja se localiza. Numa loja em que os clientes não conseguem identificar quem é vendedor e quem não é, menos vendas devem estar acontecendo. Imagine essa situação numa loja sem uniformes:

Cliente confuso pergunta para algumas pessoas:
"Você trabalha aqui?"

Se de vez em quando isso ocorre, muitas vendas já deixaram de ser realizadas.

A cultura do "Obrigado por Reclamar"

Normalmente, o vendedor prefere não ouvir as reclamações do cliente, pois não é algo realmente muito agradável. Alguns pontos de venda, entretanto, têm se preocupado em criar no cliente a cultura da reclamação, como no caso de supermercados, por exemplo.

Isso chega a ser interessante se partirmos do princípio de que pior do que o cliente que reclama é aquele que simplesmente sai insatisfeito sem reclamar, mas nunca mais volta.

Pesquisas indicam que este fala mal de sua empresa para pelo menos vinte pessoas. Neste aspecto, é melhor aquele cliente que reclama, pois ele dá uma oportunidade de ouro para que você possa recuperá-lo e cativá-lo de vez.

Cliente quer consideração e reconhecimento: ter poder.

:::
Exemplo:

Uma cliente saiu de uma das lojas que eu atendo reclamando do defeito de um produto. Havia orientado a gerente que nesses casos atuasse com a razão e menos com a emoção. Ela ouviu e procurou contornar da melhor maneira a situação.
:::

Orientei a ela que três dias depois ligasse para a cliente para perguntar se a troca do produto tinha sido satisfatória, agradecer por reclamar, pois isso ajudaria na melhoria do atendimento, e dizer também que ela era uma cliente muito importante para a loja.

Resultado: No dia seguinte a mulher estava lá comprando mais produtos e cheia de cuidados para com as vendedoras.

Concluindo:

A cultura de uma loja pode influenciar o comportamento das pessoas que entram nela, sejam funcionários, sejam clientes, e isso pode fazer a diferença entre vender mais ou vender menos. Gerente ou proprietário de loja que se prezam constroem uma cultura voltada para a melhor qualidade possível de atendimento.

Mais do que treinar atendimento, é preciso criar a cultura do bom atendimento em sua loja. Afinal de contas, que motivos você dará para que o cliente entre em sua loja e não na concorrente? Fidelizar o cliente tem sido um desafio cada vez maior, já que este tende a ser mais exigente e tem menos padrão de compra do que há alguns anos. Todos os dias, o cliente é bombardeado com diversas opções para gastar seu dinheiro.

Criar a cultura de atendimento é melhor do que treinar atendimento.

Em tudo que você orientar, procure mostrar a filosofia que existe por trás de cada orientação. Concentre-se nos objetivos e nos princípios ao orientar para que as pessoas compreendam cada vez mais o porquê de cada norma, orientação ou procedimento. Tenho visto muitos treinamentos de conteúdo extraordinário, mas de pouca eficácia. Porque mais do que treinar, é preciso construir uma cultura. É o trabalho gerencial que faz o treinamento se tornar uma realidade no dia-a-dia da loja.

Capítulo 2
Primeira Frente: COMPRAS

A Questão da Variedade

Aumentar a variedade de produtos de uma loja
faz vender mais? Com certeza sim.
Essa então seria a solução para resolver o problema
de uma loja que precise vender mais? Pouco provável.
Isso porque as vendas aumentarão somente até
um certo ponto. A partir daí, o restante vira estoque.

O problema é o seguinte: à medida em que se aumenta a variedade de produtos de uma loja, existe a tendência de aumentar o estoque. E aumentar estoque é sinônimo hoje em dia de prejuízo, já que o produto possui uma vida útil limitada antes de sua depreciação.

Um produto feminino, por exemplo, ligado à moda (calçado ou vestuário) tem uma vida útil de aproximadamente 60 dias. Se durante esse período não for vendido, ele passa a ser um sério candidato a ficar no estoque para o ano que vem. E, no ano que vem, as tendências da moda certamente serão outras, o que reduz ainda mais suas possibilidades de venda de forma lucrativa.

Três fatores ocorrem a partir daí:

1. A variedade do produto passa a ter um custo maior, enquanto o lucro das vendas tende para a redução.

2. Aumenta ainda mais a necessidade de capital de giro, enquanto se aumenta o estoque.

3. Menor rentabilidade, que cresceria proporcionalmente à redução do estoque.

Tendência do quadro:
A margem de lucro reduzindo e os custos aumentando.

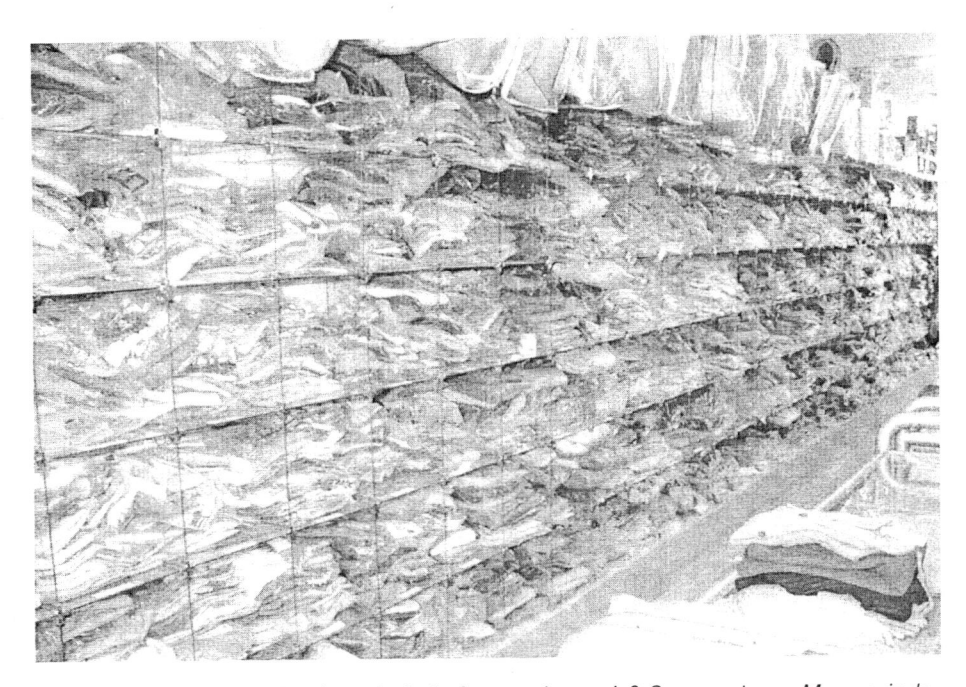

A pergunta que se faz é: variedade faz vender mais? Com certeza. Mas variedade é a solução? Em tese, não. À medida em que se aumenta a variedade, tende a se aumentar o estoque progressivamente. A variação é aritmética para geométrica. Quanto mais tempo uma mercadoria demora no estoque, menos lucratividade a loja obtém com sua venda. Lojas com estoques elevados correm sério risco de entrar numa situação de insolvência, pois quanto mais tempo a mercadoria demora para girar, menos capital de giro para as despesas. E as lojas que esperam no fim do ano equilibrar essas despesas com as vendas natalinas correm o risco de entrar em janeiro com um saldo ainda maior. É a velha história: aumento de vendas, aumento de despesas e, por isso, é necessário buscar lucratividade em pequenos detalhes na hora de comprar de fornecedores.

> Acredite se quiser:
>
> No Brasil, a maior parte das lojas trabalha no vermelho grande parte do ano. Elas entram no 2º semestre para cobrir o rombo vivido no 1º, contando principalmente com as vendas de fim de ano.
>
> Cerca de 80% das lojas esperam esse presente de Papai Noel.

Fácil de falar: é preciso comprar melhor e vender muito.

Erros que se cometem ao comprar

1. Falta de critérios (estratégia) ao comprar do fornecedor (fábrica ou atacado).
2. Compra em quantidade maior do que a capacidade de venda.
3. Falta de envolvimento da equipe com as novidades que chegaram.
4. Empolgação com os lançamentos de cada estação.
5. Falta de acordo em relação às reposições.

Ciclo Vicioso das Vendas

Certa vez, atendi a uma loja em que os vendedores reclamavam: *"Nesta loja faltam novidades. Por isso, as vendas estão baixas ao extremo."* Enquanto isso, os empresários pensavam em arriscar tudo na maior compra que já tinham feito ultimamente, numa tentativa de aquecer as vendas e motivar o grupo.

Seria o tiro de misericórdia que definiria o fim do negócio.

As primeiras providências da consultoria foram tomadas:
- Orientar melhor o mix de produtos e ver de fato se havia mesmo a necessidade de comprar, já que estávamos no final de estação.
- Afirmar: "Sua loja está cheia de novidades", e mostrar por quê.
- Trabalhar a mentalidade da equipe de vendas.

O ciclo vicioso era:
- Vendedores que só vendiam o que gostavam de vender.
- Os produtos preferidos eram vendidos e ia-se embora o entusiasmo.
- As vendas caíam drasticamente.
- Clima de insatisfação.
- Reclamação sobre a falta de variedade de produto como explicação para vendas baixas.
- Aumento do risco de se comprar mais do que o necessário.
- Estoque cada vez mais alto.

Isso nos faz lembrar um dado das estatísticas do Sebrae, que nos mostra que a maioria dos novos negócios morre nos primeiros cinco anos de existência.

Reclamação da equipe de vendas: "A loja traz poucas novidades! Não tem tudo o que o cliente quer!"

"Que bom!", afirmei para a equipe.

Eles se assustaram com minha colocação, mas expliquei que estão na loja exatamente por causa disso. É pelo simples fato de a loja não ter tudo do jeito que o cliente pede que existem vendedores. Do contrário, não precisaríamos deles, que perderiam as vagas hoje ocupadas.

Vendedor existe para vender o que a loja tem, e não o que ela não tem.

É a velha história: "O cliente tem sempre razão, mas ele não sabe o que quer".

É nessa hora que o vendedor precisa assumir seu papel de ajudá-lo a fazer uma boa compra, e de forma satisfatória.

O passo seguinte foi mostrar que a loja estava cheia de novidades.

"Venham comigo!", foi a voz de comando.

- Fomos ao estoque e tiramos mercadorias que nunca tinham sido mostradas, porque não eram do gosto da equipe de vendas;
- Mudamos as araras, trocando suas roupas em exposição;
- Diminuiu-se também o intervalo de mudança da vitrine, que passou a ser modificada diariamente;
- Vendedores tiveram uma semana de treinamento antes do expediente;
- A loja entrou num ritmo dinâmico de mudança constante.

Obs.: *Vendedor geralmente vende somente o que gosta. Aquele produto que não é de seu gosto tende a ir para o estoque.*

Essas mudanças fizeram parecer que a loja tinha feito novas compras, sem que investisse um centavo a mais em mercadorias novas.

A loja precisa ser mais dinâmica!

Imagine aquela arara de roupas que o cliente vai sempre nela para ver se tem novidades. Você não fez novas compras, mas mu-

dou ocasionalmente aquela arara, dando a impressão para esse cliente que fez novas aquisições.

Cuidado com a arara viciada!

Antigamente, era interessante ter o maior número possível de fornecedores; hoje em dia, isso virou sinônimo de risco; é mais prudente trabalhar com o menor número possível de fornecedores. Não estamos mais em tempos de se comprar por amizade, ou, ainda, comprar um pouquinho de cada um. É preciso selecionar bem os seus fornecedores, dando preferência àqueles que possuem produtos que se identifiquem com seu público-alvo. É preciso trabalhar com parceiros preferenciais. Um bom fornecedor é aquele que possui o produto que seu cliente busca, e no preço que ele está disposto a pagar pela mercadoria. Trabalhar com muitas fábricas pode elevar bastante o volume do estoque, sugando a saúde financeira da loja. E tem mais: nem sempre as promoções das fábricas são coerentes com sua estratégia de mercado como varejista.

Existem clientes em lojas de roupas, por exemplo, que vão direto na arara para ver se a loja adquiriu alguma novidade. Lojas que demoram a mudar a arara vendem menos para esse tipo de pessoas, pois o simples fato de mudá-la dá a impressão de que a loja adquiriu novidade, quando, na verdade, apenas fez algumas mudanças.

Desse exemplo, podemos facilmente concluir que lojas dinâmicas vendem mais, pois mudam constantemente, provocando o milagre de parecer que possuem mais variedades.

> Exemplo:
> Uma loja cliente minha de um determinado shopping center tem uma vitrine privilegiada e faz mudanças constantemente. Ocorre com frequência de se colocar uma roupa em exposição na parte da manhã e, quando chegar o funcionário do turno da tarde, aquela roupa já ter sido vendida sem que ele sequer tomasse conhecimento.

Princípio básico: lojas que mudam parecem ter produtos novos.

Atendia a uma loja de calçados que tinha uma concorrente do seu lado. Observando do outro lado da rua, pude ver que os clientes entravam mais na concorrente. Entrei imediatamente na loja e comuniquei à minha cliente, dizendo: "Você já sabe o que fazer".

Mais do que depressa, ela usou uma de nossas estratégias e fez uma mudança na vitrine, e o resultado a surpreendeu: o fluxo de pessoas foi mais direcionado para sua loja.

Um Mercado Sazonal

Todo bom lojista fica atento à sazonalidade de seu negócio para tirar o melhor proveito possível. Quem trabalha, por exemplo, com produtos que dependem das estações da moda, precisa estar atento ao espírito do consumidor.

1. No início da Estação:

O comportamento do consumidor nesse período tende para a busca da novidade. Pessoas que gostam de acompanhar a moda estão dispostas a comprar mais nessa época, de olho nas tendências, nos novos designs, nos estilos, nas cores mais usadas etc. Essas pessoas arriscam mais e tendem a se preocupar um pouco menos com a questão do preço. E essa é uma vantagem para se vender mais.

Observe este princípio:

Custo = Preço

Benefício = Valor

Se você já é casado, responda à seguinte pergunta, para si mesmo: Quando casou-se, estava olhando mais custo (preço) ou benefício (valor)?

Geralmente estamos olhando mais o benefício. Algum tempo depois, talvez você comece a reclamar do custo, à medida que vai perdendo de vista o valor que aquela união tinha para você.

Precisamos fazer com que nosso cliente se comprometa com nosso produto.

Isso significa que à medida que aumento o valor de meu produto, o custo tende a cair na cabeça de meu cliente em potencial. O aumento do valor faz o preço parecer menor. O contrário também é verdadeiro.

Por isso é que no início das estações fica, em tese, mais fácil de vender. A pessoa está geralmente com a ênfase voltada mais para o valor do que para o custo em si.

Mas não se iluda muito: não existe venda fácil nem aquele cliente dos seus sonhos. Vender dá trabalho, e cliente também.

2. No meio da Estação:

Nesse período, o preço começa a chamar mais a atenção. E aparecem as opções mais em conta, já que algumas fábricas já tiveram tempo de copiar o que está vendendo mais na estação.

O público voltado para a modinha começa a aparecer com mais intensidade nas lojas. Porém, já não tem o mesmo perfil do anterior. Tende a chorar por um preço mais em conta e a não se empolgar tanto com os lançamentos.

3. No fim da Estação:

Sai para as compras o pessoal que gosta de promoções, de liquidação e da tentativa desesperada das lojas de desovar o restante do estoque. A vida útil do produto em termos de atualização vai passando, e esse consumidor pode então dar as cartas.

Se for na onda deles, a loja vende abaixo do preço de custo.

Pare e pense na seguinte situação:

Numa feira de modas, uma loja comprou um determinado produto, que seria entregue no início da estação. Comprou com uma certa moderação, mas as vendas do produto/lançamento foram surpreendentes, e isso fez com que o lojista se empolgasse e fizesse, por meio de representantes que o visitaram, um pedido ainda maior.

Mas, infelizmente, o público que chegou no meio da estação (modinha) já não comprava com a mesma intensidade.

Para piorar ainda mais o quadro, houve um certo atraso da entrega e o resultado foi dramático: um produto que tinha gerado lucro no início da estação estava agora encalhado no estoque, gerando uma perda frustrante.

Vamos pautar alguns aspectos:

a) o lojista não considerou a sazonalidade da moda;

b) ele errou num momento terrível, no meio da estação;

c) se ele tivesse errado no início da estação, as chances de consertar seriam maiores;

d) muitos lojistas estão cometendo esses erros ao comprar, por isso fazem milagrosas liquidações de estoque, perdendo muito.

Conclusão: seu produto possui ciclos de existência; observe isso para evitar sua depreciação.

O conceito de loja dinâmica tem sido adotado por muitos lojistas como uma forma de mostrar que a loja possui novidades. Quando você modifica constantemente os produtos de lugar, dá a impressão de que a loja possui novos produtos sem que se precise fazer uma nova compra para isso. Produtos que ficam muito tempo no mesmo lugar envelhecem a imagem da loja. Cuidado com aquela famosa arara viciada que nunca muda suas roupas, e o cliente sempre passa por ela para saber se chegou algo novo. Lojas dinâmicas estimulam mais o famoso impulso de comprar.

Princípios da Compra Eficaz

Você vai a uma feira para ver os últimos lançamentos. A exposição é simplesmente maravilhosa, mas não se iluda com todo aquele glamour, pois ele pode acabar com suas possibilidades de lucro.

A loja é obrigada a ter lucro se quiser sobreviver e, para isso, precisa estar mais atenta na hora de comprar.

Compras mal realizadas comprometem o processo da venda:

- Se forem feitas em excesso, geram um intenso dissabor e uma pressão enorme sobre a equipe de vendas. Recentemente, vi uma loja aconselhando os funcionários a venderem os produtos de moda com mais rapidez, ou seja, dar prioridade para os produtos novos. Mas os vendedores geralmente não estão muito preocupados com isso, eles vendem o que entenderem que é mais fácil de vender.

- Se as compras forem feitas com exagerada contenção, o mix de produtos fica por demais pobre e o comércio deixa de lucrar com uma mercadoria nova. Os clientes percebem que a loja não possui produtos adequados e se afastam gradativamente. Lembre-se de que os consumidores estão cada vez mais exigentes.

Sempre existirá uma margem de erro na hora de comprar, mas tente reduzi-la ao máximo comprando com atualização e moderação, simultaneamente. Busque suporte para comprar estando sempre atualizado com aquilo que é exibido na televisão, nas novelas, MTV, programas etc. Procure ver o que as revistas estão exibindo, se seu produto é de moda.

Para comprar, você deve também considerar sua capacidade de estoque. É uma questão de logística que faz muita diferença. Não adianta comprar e não ter como guardar adequadamente.

Como comprar certo se você não souber para quem vender? Pesquise mais seu mercado, observando mais as pessoas que entram em seu comércio. Qual a faixa etária que mais prevalece em seu estabelecimento comercial? Qual o estilo de vida mais comum? Responder a perguntas como essas pode fazer a diferença entre comprar bem ou comprar mal.

Sua loja precisa se identificar cada vez mais com seu público consumidor. As pessoas tendem a procurar as lojas com as quais se identificam mais e de igual modo com produtos que provocam o mesmo efeito.

Você não sabe quanto comprar se não sabe para quem vender.

Quanto mais o perfil de sua loja se identificar com o perfil de seu cliente, mais chance você terá de vender, mas para isso é preciso ter um mix adequado.

Quem define o tipo de mix de produtos que a loja terá não é o empresário ou o gerente. Quem deve dar as cartas é sempre o consumidor. Se a sua loja possui um mix de produtos adequado, ela cria uma identificação com seu cliente. Com isso, você alcança o consumidor em todas as suas fases: quando ele está passando perto da loja, quando entra na loja, quando se torna um comprador, quando volta na loja e quando passa a se identificar de fato com aquele ponto de venda. Acertar quanto ao tipo de produto e com quais fábricas trabalhar é fundamental.

Outro fator que pesa muito na hora da compra é a seleção do tipo de fornecedor e da relação que se estabelece. Podemos dividir os fornecedores em três níveis:

1º Nível: Fornecedor de Status

Esse possui um produto de 1ª linha com certa exclusividade ou uma marca diferenciada das demais. Para o consumidor, comprar essa marca representa melhoria do status. Encaixam bem neste caso as lojas que procuram encontrar seu nicho de mercado oferecendo ao consumidor um produto diferenciado. Geralmente, na relação com esse tipo de fornecedor, a margem de negociação de preço e prazo fica bastante limitada, e a loja corre o risco de ficar refém desse tipo de situação. Essa é a principal desvantagem.

2º Nível: Fornecedor de Produto Comum

Esse possui um produto mais comum, e a possibilidade de copiá-lo é muito grande (modinha), ocasionando numa similaridade de produtos que é perceptível pelo consumidor, que, neste caso, tende a considerar mais a questão do preço.

3º Nível: Fornecedor de Commoditty

Esse tipo de produto torna-se atrativo para o consumidor por ter um preço mais em conta no mercado, já que seu público-alvo está menos preocupado com a marca e o status em si. As lojas que trabalham com esse tipo de produto geralmente têm como público-alvo a classe popular.

É preciso melhorar a relação com os fornecedores (fábrica ou atacado) para se obter melhores resultados nas vendas.

Pare com a mania de comprar um pouquinho de cada fornecedor!

Esse critério é antigo e nada recomendável para quem deseja prevalecer no mercado. Comprar por amizade ao fornecedor pode fazer aumentar o estoque por falta de foco e de ação. Sua meta deve ser trabalhar com o menor número de fornecedores, se possível com exclusividade em sua região, ou pelo menos conseguindo obter um tratamento diferenciado em relação a seus concorrentes.

Tente conseguir a melhor negociação possível junto a seus fornecedores e repassar essas conquistas em forma de benefícios para o consumidor final.

"Chore, chore, chore... peça, peça, peça sempre."

Fique atento a fatores especiais, tais como:

- Reposição de produtos defeituosos e sistema de trocas.
- Menor nível de estoque e maior giro do produto.
- Tempo de reposição do produto estocado.
- Trabalhar com uma margem reduzida de segurança.
- Fiscalização da entrega dos produtos.
- Política de preços da fábrica ou atacado.

Estabeleça com seu fornecedor uma relação de parceria pautada na confiança mútua e procure, para isso, fazer um acordo que seja vantajoso para todas as partes. Tente, se possível, não comprar produtos simplesmente, mas contratar abastecimento. Se for preciso, traga o fornecedor para conhecer seu ponto de vendas.

Não compre produtos, contrate abastecimentos.

> Exemplo:
> Um empresário da área de informática passou as compras para seu genro que assumira a gerência da loja e ficou indignado quando viu que ele tinha um receio excessivo de comprar. A loja estava com um capital de giro suficiente para mantê-la três meses sem que nem uma venda sequer fosse realizada e, ainda assim, o gerente limitava muito seu estoque de micros disponíveis. Quando acontecia uma procura maior, o estoque esgotava e o cliente tinha de esperar semanas para a chegada do novo equipamento, depois de ter feito seu pedido.

Criamos um roteiro que se subdividiu em duas partes:

1. Compra;
2. Reposição.

Ele passou a ter dois estilos de compras dentro da mesma periodicidade que já mantinha, só que comprava um pouco mais na primeira leva e deixava a segunda como uma reposição do que iria faltar para manter um estoque satisfatório. Se ele errasse na primeira compra por excesso, as chances de recuperar estavam na segunda, em que ele compraria menos. Na reposição não poderia haver erros de excesso, pois o risco de depreciação do produto seria maior. Foi nada mais do que um novo conceito de comprar, que teve um efeito simples de justificar um risco maior na primeira compra, pois da forma que ele comprava anteriormente, à prova de riscos, perdia muitas vendas, porque os clientes não gostavam de ter de esperar pela mercadoria.

Faça de seu fornecedor um parceiro de seu negócio.

Muitos empresários me procuram para treinar seus funcionários para venderem mais, pois entendem que essa é a saída para diminuir o estoque e ter maior giro de mercadoria, o que, em tese, representaria maior lucratividade. Quando começam a ver que o produto não está tendo a saída que a loja precisa, os empresários ficam muito preocupado com o fator "vendas", quando na verdade seu grande problema está no fator "compras".

Compras representam mais de 70% do problema.

Lembro-me de um empresário amigo que relatava ter sofrido durante quatro anos com sua empresa na tentativa de estabelecê-la de forma lucrativa no mercado. Ele só conseguiu maior lucratividade quando encontrou o local certo para adquirir sua mercadoria. Ele me dizia que esse era seu pulo-do-gato nos negócios. Seu diferencial em relação a seus concorrentes estava no fator "onde comprar".

Amplie mais seu relacionamento com seus fornecedores.

Eis a diferença entre a relação de parceria e a de negócios com o fornecedor:

Relação Ineficaz com Fornecedor	Relação de Parceria com Fornecedor
Compra produto	Contrata abastecimento
Compra um pouco de muitos	Compra criteriosa de poucos
Promove produtos por sua conta	Promove produtos em conjunto
Atraso e erro na entrega (perdas)	Fiscalização na entrega
Ausência de qualquer compromisso	Exclusividade ou tratamento diferenciado
Relação de negócios	Relação de parceria

Quando algum representante da fábrica foi convidado para uma visita à sua loja, para lhe mostrar um pouco de sua cultura e de sua estrutura e sugerir novas estratégias de mercado? E quando você esteve na fábrica para conhecer mais de sua estrutura e de seus negócios durante um visita?

Outro Fator Importante: quais as políticas de preço de seus fornecedores?

Formação do preço

A formação do preço de venda de um produto é outra questão fundamental. No varejo, é comum a prática do Markup, na qual o preço da mercadoria é determinado por uma margem de lucro que possibilite ao comerciante quitar seus compromissos e aumentar seu ganho comercial. Sua política de preços não é a principal questão em jogo, mas pode ser a causa de fracasso empresarial.

> Exemplo:
> Na região onde nasci, existia uma grande loja de calçados femininos que, na impressão que se tinha, dominava uma boa fatia do mercado. Era muito comum filas de clientes para entrar na loja nos dias de promoções. Apesar daquele movimento todo, essa loja, em um determinado momento, passou a encontrar dificuldades em cumprir seus compromissos com fornecedores e, para surpresa de muitos deles, fechou suas portas, dando um rombo enorme nas fábricas, com o empresário fugindo do país. Os clientes, os lojistas e boa parte da população ficaram intrigados com o que havia ocorrido, e foi difícil para muitos entender como a loja que mais vendia na região pudesse chegar à falência.

Esse não foi o primeiro caso, e infelizmente não tende a ser o último, em que vemos uma loja aparentemente sadia que sai do mercado por não conseguir mais cumprir com seus compromissos, apesar de toda a sua aparência.

Pelo menos três fatores são por demais importantes ao se definir a política de preço do produto:

1. Concorrência;
2. Custo;
3. Futuro.

Concorrência

Não é o proprietário da empresa quem define a política de preços ideal, mas o próprio mercado, e um de seus principais elementos é o comportamento da concorrência. Saber quem ocupa a maior fatia, quais os preços que as lojas concorrentes praticam, enfim, conhecer as regras de mercado e o comportamento do consumidor diante do que a concorrência está fazendo é fundamental para o sucesso de seu negócio.

Custo

As lojas trabalham com o Markup, uma margem de lucro que tende a cobrir as despesas ainda não incluídas no custo do produto e ainda gerar lucro. Empresários que não souberem definir bem o seu Markup podem ter seus ativos insuficientes para cumprir compromissos.

Exemplo:

Um grupo formado por irmãos que herdaram uma boa quantia de dinheiro decidiu abrir uma distribuidora de doces. Na época, eles começaram a praticar um preço bem menor que o da concorrência no mercado. O resultado foi instantâneo: alto volume de vendas; mas com o passar do tempo as vendas não eram suficientes para cobrir despesas. Eles erraram naquilo que entenderam ser o bastante para cobrir seus custos operacionais. Foram tirando dinheiro da poupança, onde estava depositado o capital familiar, pois entendiam que as coisas se equilibrariam mais adiante, pois, afinal de contas, o volume de vendas estava alto. Quando deram conta do que estava acontecendo, o dinheiro da herança já estava no fim e eles haviam contraído uma boa dívida. Tiveram de vender o restante do estoque a preço abaixo do custo e, com o dinheiro, quitaram suas dívidas e fecharam as portas, completando o restante com o que sobrara da herança.

Foi uma decepção, mas eles haviam calculado mal o custo operacional, deixando de considerar custos fixos mais custos variáveis, além da compra do produto, e com isso o negócio foi de mal a pior.

Cuidado com o efeito meteoro: alto volume ilusório de vendas iniciais que terminem com dívidas e insolvência.

Ao considerar despesas, é preciso que o lojista tenha em mente o efeito que as vendas a prazo podem gerar sobre o negócio, aumentando consideravelmente sua necessidade de capital de giro.

Pense nas seguintes despesas:

- Impostos: 15%.
- Pessoal: 8%.
- Operacional: 4%.
- Financeiros: 2%.
- Fixos: 6%.
- Local: 8%.

Totalizando um percentual de 43%.

Será que os valores recebidos através do fluxo de caixa, considerando os prazos de 30, 60 e 90 dias, serão suficientes para saldar as despesas?

Isso sem falar do custo com a compra dos produtos de sua loja.

Por isso, muitas lojas estão partindo para o desconto de duplicatas em bancos, aumentando ainda mais o risco de insolvência, com a perda ocasionada pelos juros do mercado financeiro. Mas essa situação desesperadora acaba sendo necessária quando as seqüelas são deixadas, formando uma ausência do capital de giro necessário para manter a loja viva.

Futuro

Ao se definir o preço, deve-se ter uma estratégia de mercado e marketing. Essa estratégia precisa considerar os resultados imediatos e os de longo prazo, pois é necessário apresentar ao mercado um preço que possa durar e gerar lucro.

A pergunta básica é a seguinte: com o preço que você pratica hoje, quais as possibilidades de seu negócio durar?

Em síntese, ao definir preço, tenha em vista:

- Preço que dure a longo prazo e gere lucro.
- Administrar seu fluxo de caixa.
- Preços praticados pela concorrência.
- Mensurar bem para retorno do capital investido.

Ao administrar seu fluxo de caixa, considere:

1. Perdas de vendas.
2. Descontos promocionais.
3. Inadimplência

Fatores que reduzem a margem de lucro:

- Excesso de estoque
- Fluxo de caixa negativo
- Práticas da concorrência
- Sazonalidade do negócio.
- Desperdícios.
- Depreciação do produto.

Capítulo 3

Segunda Frente: PROJETO

Erros que Matam uma Loja

Quando falamos do projeto de uma loja, estamos nos referindo a aspectos importantes, tais como:
- sua localização;
- seu layout;
- as cores de seu ambiente;
- seus móveis;
- sua iluminação;
- má exposição do produto;
- entre outros.

Quanto à localização, se você vai alugar algum ponto, é preciso considerar alguns fatores:

a) O histórico daquele ponto: descubra quais as lojas que estiveram lá e desconfie se uma loja não tende a durar muito tempo ali. Observe a questão do estacionamento, da vizinhança, entre outros aspectos.

b) Observe se esse ponto é beneficiado ou não pelo fluxo de clientes naquela região. Atendi a uma loja de produtos infantis, por exemplo, onde os pontos de ônibus da cidade desembocavam. As pessoas passavam naquela loja primeiro e pegavam o orçamento de enxoval, e acabavam comprando nos concorrentes mais adiante, que tinham mais chance de fazer uma oferta melhor. O fluxo era desfavorável. Os vendedores já estavam viciados em dar orçamento, e, muitas vezes, o cliente entrava só para pedir. Era interessante fazer um esforço maior para tentar vender antes de eles verem as outras opções.

c) Veja se é um ponto de centro da cidade, de bairros, ou de shopping, e aí é preciso estar atento para o custo de localização. Locais hipervalorizados para locação ou compra requerem lojas que vendem o suficiente.

d) Observe se é um ponto que favorece sua ampliação, pois, dependendo de seu negócio, pode chegar um momento em que você precise crescer, estocar mais etc.

e) Esteja atento aos próximos acontecimentos: algumas obras do setor público ou privado podem tornar o lugar mais interessante, como, por exemplo, a construção de escolas, hospitais ou outros pólos de atração. Isso pode gerar mais oportunidades de vendas.

Quando o ponto é seu:

Cuidado com reformas: pessoas que reformam suas lojas hoje em dia, devem tomar cuidado para não colocar móveis pesados ou fixos, que impedem a loja de alguma mudança futura e de menos custo.

Existem lojas, por exemplo, que optam por materiais de luxo, caros, mas que as deixam escuras durante o dia. Utilizam uma iluminação inadequada, que é um show de noite e um estrago de dia. E isso interfere em vendas.

Iluminação e claridade são importantes porque a loja precisa ter vida!

Loja sem vida vende menos, porque a iluminação interfere no humor das pessoas, seja do cliente, seja da equipe de vendas. Dê preferência a cores claras que transmitam vivacidade.

Recentemente, vi o caso de uma loja que sempre foi campeã em sua cidade na linha de calçados populares. Essa loja dominava seu nicho de mercado. Ela resolveu então ampliar, partindo para uma linha que atendesse mais à classe média/alta. Construiu uma big loja com equipamentos dos mais modernos em seu layout de muito bom gosto e praticidade. O projeto estava quase perfeito, exceto por um detalhe simples, mas determinante. Ela não mudou o nome.

Resultado: Mantendo o mesmo nome, muitas pessoas já deixaram de entrar na loja, pois achavam que se tratava do mesmo estilo anterior, porém com um layout novo. Fico me perguntando quantas vendas já deixaram de ser feitas somente por esse detalhe. A loja tinha tudo para dominar esse nicho, mas não foi o caso.

Em se tratando de comércio, pequenos detalhes podem fazer enorme diferença.

Outro aspecto importante é o layout da loja. Ele precisa sugerir vendas, precisa ser um convite para se entrar.

Alguns proprietários e gerentes orientam seus vendedores a buscar as pessoas que estão vendo a vitrine do lado de fora. Se elas não estão entrando, o problema não é falta de vendedor para ir buscá-las, nem de vitrine ou layout. Se sua loja não for convidativa, elas não entram. E se você passar a buscá-las, mata a imagem de sua loja a longo prazo. Algumas pessoas vão preferir passar do outro lado da rua para não serem abordadas. Se você ainda coloca vendedores formando uma parede humana, os clientes também não entram. Pare de inibi-los.

Sua loja precisa ser sempre convidativa!

Não pense que o fato de algumas vendas conseguirem ser realizadas dessa maneira signifique que esse seja um bom caminho para sua loja, pois o efeito de inibição é maior.

Pontos a serem considerados no projeto de uma loja:

1. Localização (histórico do ponto, perto de que, nível de movimento etc.).
2. Comodidade (exemplo: estacionamento).
3. Dimensão (dá para ampliar, estocar, modificar?).
4. Iluminação (estimula compra?).
5. Decoração (convidativa?).
6. Vitrine (exposição adequada, apelos de compras, sugestão de vendas, exploração da estética do produto...).
7. Visual externo (nome da loja, placa chamando a atenção, identificação da linha de produto...).
8. Móveis (leves o suficiente para estimular mudanças ocasionais sem custo).
9. Formato (moderno ou ultrapassado?).

Fatores como esses influenciam, e muito, no sucesso ou fracasso de uma loja.

Em se tratando de projeto da loja, um dos fatores que os lojistas não podem errar é na localização. E, ao falarmos de localização, não podemos esquecer do aspecto do estacionamento. Na verdade, o consumidor procura ter uma experiência agradável ao sair para as compras, e com isso ele busca mais comodidade.

Algumas lojas dos centros no interior já perceberam esse detalhe e estão abrindo filiais em bairros mais populosos para atender ao aspecto da comodidade. Nos centros, os consumidores costumam enfrentar o velho problema do estacionamento, o que tira um pouco o estímulo para o consumo.

Comprar onde é mais cômodo acaba sendo uma boa opção.

A parte humana da coisa:

Estatísticas mostram que as pessoas compram de maneira emocional, na maioria das vezes. Tenho ouvido consultores em feiras de calçados afirmarem que, ao entrar em uma loja, o cliente tende a direcionar seu olhar mais para o lado direito. Analisando pelo lado da questão emocional, faz sentido, pois, quando estamos falando do neocórtex cerebral, sabemos que o hemisfério direito do cérebro é o da emoção, e o hemisfério esquerdo, o da razão. Daí o motivo de as pessoas olharem mais para a direita da loja.

Se isso for verdade, vale a pena investir mais na parte direita de sua loja, para uma melhor decoração e exposição de seus produtos.

Capriche no visual da direita.

Milagre: Gerar Novidades sem Investir

Qualquer pessoa que trabalhe com loja identificará facilmente o seguinte fenômeno:
*Quando a loja está cheia de clientes, tende a encher mais.
Quando não tem clientes, demora muito
a encher-se novamente.*

Quantas vezes você já presenciou essa cena? A loja está vazia e começam a entrar uns "gatos pingados". De repente, ela está cheia e enche mais ainda, até que as pessoas vão embora quase que de uma vez, e depois demora a ficar cheia novamente, voltando ao processo dos gatos pingados.

Loja cheia atrai mais gente.

Esse é um dos princípios mais importantes na vida do varejo hoje em dia, pois faz a diferença entre um dia de boas vendas e um dia fraco. Quantas vezes você já ouviu dizer ou disse:

"O comércio hoje está tão fraco!"

Esse fenômeno sempre me chamou a atenção, e eu sabia que estava nele uma grande estratégia para se vender mais produtos no comércio.

Comecei a entendê-lo melhor durante um curso de vendas que ministrei, quando uma vendedora afirmou que ficava constrangida de entrar em uma loja que estivesse vazia. Ela era mal atendida por alguém e, ainda por cima, as outras vendedoras ficavam olhando-a de cima em baixo. Ela preferia evitar esse constrangimento e não entrava.

Somando-se a esse fator, percebi também que loja cheia dá a impressão de estar com novidades ou com preço bom.

As pessoas têm a expectativa de que loja cheia tem coisa boa.

Foi a partir daí que comecei a formular a estratégia da loja dinâmica, que possui três características básicas:

a) ela está sempre mudando vitrines, araras, displays, estoque, balcões, cartazes...

b) seus vendedores estão em constante movimentação e ocupação;

c) seu ambiente faz o cliente sentir que é especial para toda a loja. Porque todos o cumprimentam e ele é a prioridade acima de qualquer atividade que esteja acontecendo.

O segredo é manter a loja cheia o máximo de tempo possível, e nos intervalos entre as saídas e chegadas dos clientes a equipe de vendas precisa estar em movimentação, além de dar a impressão de que está ocupada. Mas nunca o suficiente para não poder atender.

O grande segredo é deixar as pessoas mais à vontade para entrar.

Seguindo esses princípios, sua loja sempre vai dar a entender que tem novidades. Principalmente se fizer um rodízio constante dos produtos de dentro, utilizando mais do potencial de seu estoque.

Lembre-se sempre: sua loja será julgada muito mais pela aparência do que por aquilo que ela é de fato.

A parte humana da coisa II:

A *Teoria da Inteligência Multifocal* do Dr. Augusto Jorge Cury, juntamente com a *Human Dynamics*, da Drª Sandra Seagal e do Dr. David Horne (publicado pela Qualitymark), são duas das mais fantásticas descobertas nas áreas humanas nos últimos anos. Essas teorias servem para entendermos muito a respeito do comportamento humano. No comércio, isso é de fundamental importância.

Quero destacar aqui o Fenômeno da Psicoadaptação, tão brilhantemente descoberto pelo Dr. Cury, fenômeno que financia a onda de consumismo do brasileiro, apesar de estar vivendo nos últimos anos suas piores crises.

Quantas pessoas, quando não se sentem bem emocionalmente, saem para as compras, para aliviar um pouco a tensão emocional que estão vivendo! Dr. Cury explica.

Mas o Fenômeno da Psicoadaptação mostra que nós nos psicoadaptamos às coisas pela nossa incapacidade de produzir estímulos diante de situações repetitivas. Por isso, o que é novo produz uma agradável sensação ao experimentarmos. Depois se torna tão comum que queremos alguma coisa diferente. É por isso que a moda muda constantemente. É por isso que a sensação de novidade faz as lojas venderem mais.

Uma mulher, por exemplo, quando compra um vestido, pode ficar contando as horas para usá-lo. Depois o uso fica tão comum que é possível que ela o utilize uma vez e o deixe abandonado em seu guarda-roupa. Existem mulheres que são apaixonadas por calçados e colecionam centenas deles, sendo que alguns mal foram usados. Tudo isso é o efeito da psicoadaptação em nós. Fenômenos como esse formam a sociedade do "ter" e aumentam o poder de influência da mídia.

A propósito: o comércio agradece.

Orientações Quanto à Vitrine

A vitrine precisa gerar o fenômeno do impulso de comprar. Ela precisa ser preparada para vender por si só como se não dependesse do vendedor. Ela sempre vai precisar do vendedor, mas precisa ser preparada como se não necessitasse dele.

A pessoa não sai para comprar, mas é seduzida pela vitrine.

Vitrines que normalmente contribuem ainda mais para as vendas são as temáticas. Elas estão ligadas geralmente a um tema, por exemplo: Dia das Mães, Natal, Dia dos Namorados...

Quando são temáticas, sugerem a compra ao apresentarem um motivo a mais do que a simples exposição do produto.

Vitrines promocionais também são muito interessantes, desde que não durem por um período muito longo. Algumas lojas adotam o sistema de tampar toda a vitrine e avisar: "Promoção", criando uma certa curiosidade no cliente. Entretanto, se passar um certo tempo e aquilo não for tirado, a vitrine passa a ter um efeito contrário, desestimulando a pessoa a entrar.

Como já dissemos, 80% das vendas no comércio acontecem sem uma programação. A pessoa sai sem a intenção de comprar, mas é seduzida pela exposição do produto, gerando o impulso de compra. Sob este aspecto, as vitrines desempenham um papel fundamental para atrair compras inusitadas. A vitrine precisa gerar na percepção do cliente um apelo para se comprar mais.

Produtos que revelam design devem ser colocados nas vitrines explorando a sua melhor posição, para que o cliente possa ser influenciado por sua beleza.

Outro tipo de vitrine que vende mais é aquela que traz algum banner mostrando alguém utilizando o produto. Esse tipo de apelo gera mais credibilidade ao produto, principalmente se no banner aparecer algum personagem de televisão.

Uma vitrine, a exemplo de toda a loja, precisa ter foco. Quais os melhores produtos para se expor em uma vitrine? De preferência aqueles que você tenha numeração suficiente no estoque. Do contrário, você enfatiza um produto na vitrine que não possui muitas opções ou quantidades e acaba frustrando o cliente que entrou atraído pela vitrine.

A vitrine determina o perfil da pessoa que entra na loja. Atendi a pouco tempo a uma loja infantil que reclamava que vendia mais produtos de 3 a 8 anos do que produtos de 9 a 15, numa diferença surpreendente. Mas isso era uma tendência, pois a vitrine era sempre preparada em função daquela faixa etária menor. Então, a pessoa já entrava para comprar com aquele espírito. Por outro lado, esse procedimento criou uma identificação com o cliente e o posicionamento daquela loja passou a ser de um ponto de venda onde se encontra mais opções de 3 a 8 anos.

Em vez de mudar o foco de exposição, achei por bem sugerir que a loja mantivesse isso como uma vantagem competitiva, direcionando a compra de seu mix para onde era mais forte.

A questão do Foco

Uma loja precisa ter foco em tudo que faz.
Principalmente na hora de **comprar** e **expor** as mercadorias.
Condição básica: conhecer seu cliente.

Não é possível saber se sua loja tem foco se não souber quem é o seu cliente e qual sua faixa etária. Numa loja de produtos femininos, por exemplo, podem entrar jovens de 18 a 25 anos, ou numa faixa etária acima, mas o importante é descobrir qual a tendência maior da loja.

Por exemplo:

- 18 a 25 anos – 60% do público.
- 25 a 35 anos – 45% do público.
- Restantes – 15% do público.

Sobre qual público você acha que deve se concentrar a variedade da loja ao comprar? Obviamente, o que mais se identifica com a loja, as jovens de 18 a 25 anos.

E o foco da vitrine?

E o foco das promoções?

Não que você não vá querer vender para o outro público, até pelo contrário, mas você concentra sua atenção principalmente em quem mais compra de você.

Muitos consultores e especialistas concordam que fica mais caro conquistar novos clientes do que manter o que você já tem. Concentre-se mais em seu público, e com isso fará com que sua loja se identifique mais com ele. É nesse público que você mais se empenhará para gerar impulsos de compra.

Sua loja precisa ser um convite constante para entrar. Uma das maneiras de atrair o cliente ao ponto de venda é por meio de promoções. Algumas lojas que atendem a um público mais exigente acham incoerente fazer ofertas de produtos. É claro que esse público é menos sensível ao preço e com maior percepção de valor do produto, mas ainda assim é possível fazer promoções.

Primeiro é preciso acabar com o mito de que promoção é somente com produto que não tem boa saída. Pelo contrário, promova produto que está tendo bom giro, o que não significa baixar seu preço, mas simplesmente expô-lo de outra forma. Para não ofender seu cliente potencial com promoções, associe-a a uma maneira inteligente de comprar.

A promoção não precisa ter o nome de oferta, saldão, queima etc. Utilize um nome associado a uma forma inteligente de se perceber valores. Faça com que procurar ofertas em sua loja seja uma maneira madura de comprar. Mas é claro: jamais desmereça seu cliente, pois ninguém gosta de ser lembrado que é pobre, mesmo que seja.

Recentemente, atendi uma loja que concentrou sua vitrine em crianças de 0 a 5 anos, enquanto era mais visitada pelo público adolescente por causa da marca de produtos com que trabalhava.

Era uma vitrine sem foco.

Uma loja sem foco vende menos do que poderia vender.

Capítulo 4
Terceira Frente: MARKETING

Níveis de Atendimento

Muitos concordarão: algumas lojas no Brasil precisam mudar urgentemente seu nível de atendimento se não quiserem perder tantas vendas como vem acontecendo. A imagem da empresa está sempre em jogo, a cada atendimento. Quando uma loja é boa, você pode ouvir alguém usando expressões como:

"Naquela loja os vendedores só faltam carregar água na peneira para nós".

Mas, infelizmente, todo mundo tem uma história desagradável para contar em termos de atendimento. Lembro-me de uma vez em que fui em uma loja de eletrodomésticos comprar um aparelho e ao pagar, fui mal tratado por ter atrapalhado as meninas do caixa que assistiam a Sessão da Tarde. É claro que não deixei por menos, e elas acabaram ouvindo um pouco do que não queriam ouvir. Do contrário, eu iria precisar do "plim plim" da Globo para poder ser atendido.

Treinar atendimento adianta?

Não. Só um curso ou uma palestra sobre atendimento tem pouco valor.

Mais do que treinamento, uma loja precisa ter uma cultura de atendimento.

A partir daí, sim, o treinamento poderá agregar valor.

Certa vez, num de meus seminários sobre atendimento, uma das participantes afirmou por diversas vezes que sua loja era nota dez em tudo que eu estava abordando, inclusive atendimento ao cliente. Deixei para ela uma mensagem clara:

"Não é a sua opinião a respeito de sua loja que conta. O que conta é o que o cliente pensa a respeito dela. Sua percepção é uma coisa e realidade é outra. O problema é que minha percepção tende

a ser a minha realidade. Portanto, cuidado ao pensar que tudo vai bem. Em termos de lojas, a experiência mostra que ou você está melhorando ou está piorando".

> Baldes de Água Fria:
>
> Algumas lojas precisam aprender a criar essa cultura de atendimento, e isso requer um certo incentivo para que os vendedores tenham a intenção de fazer o melhor. Lembro-me de uma ocasião em que uma gerente estava empolgada com as vendas daquele dia e ansiosa para mostrar ao proprietário o resultado final, que tinha sido o melhor de alguns meses. Ao mostrar o resultado, ouviu do empresário: "É, eu pensei que vocês iam vender mais hoje, pelo movimento que a loja teve".
>
> Com um balde de água fria desse tipo ele ainda quer que a loja venda mais? Só se for por milagre!
>
> Em outra ocasião, uma funcionária conseguiu melhorar seu desempenho em vendas, e poderia ser uma melhoria gradativa se a loja tivesse uma gerente de verdade. A pessoa que estava ocupando tal cargo, ao ouvir da entusiasmada vendedora seus resultados, comentou com a cara de quem deveria ter ficado em casa naquele dia: "É, mas fulana continua em primeiro lugar em vendas este mês".
>
> Era a cultura gerencial da loja. Essa incompetência gerencial leva alguns gerentes a dependerem de uma vendedora para o faturamento da loja, em vez de trabalhar a equipe para melhorar os resultados gerais.
>
> Gerente bom é aquele que pega uma funcionária que está em último lugar nas vendas e a faz chegar pelo menos em terceiro.

Erros na Propaganda

Propaganda em mídia, seja de qual natureza for, precisa ser feita com foco. Outro dia, vi uma escola que anuncia uma coisa em panfleto e outra em outdoor. Todas as duas informações estavam certas, mas perdiam a força da mídia. Quando você pulveriza informações diferentes em recursos de mídia diferentes, é tiro de 38. Mas quando você se concentra em um tipo de informação em recursos diferentes, é tiro de canhão. Na mídia, a tendência é que se tenha um efeito sinergético:

$$1 + 1 + 1 = 4$$

Obs.: Não se trata de um erro de cálculo. Diferente da matemática comum, na mídia, um veículo somado a outro e a outro multiplica suas potencialidades. O efeito do todo passa a ser maior do que a soma das partes.

Outro erro comum em propaganda é ficar fora da mídia por muito tempo. Toda loja deve procurar construir sua marca por meio da mídia. Quando você sai de cena por muito tempo, o efeito da propaganda já feita até aquele momento se perde. Alguns lojistas investem pesado num determinado período e depois saem de cena. Isso faz com que se leve muito tempo para construir a marca da loja.

Não é fácil se construir uma marca. É preciso uma série de fatores que devem se combinar para criar toda uma identificação com o público-alvo. Desde a compra, o layout, a propaganda que se faz, a forma como se atende, o tipo de produto, o preço que se pratica, o nome da empresa, entre outros detalhes, tudo faz a diferença entre o sucesso e o fracasso de uma loja no mercado.

Em se tratando de uso da mídia, por exemplo, não é bom ficar muito tempo no anonimato. Pelo contrário, torna-se necessário o uso constante da mídia para divulgação da marca. Por isso, não é aconselhável uma mídia muito agressiva e de alto gasto se for para, em seguida, ficar fora dela por um longo período. Teria sido melhor um investimento menor, em mídias que permitam com menor valor ficar mais tempo anunciando.

Mídia Conservadora

Para o microempresário, talvez seja aconselhável se falar em termos de mídia mais conservadora que, apesar de não ser agressiva, pode ajudar a construir uma marca.

Por isso, é aconselhável que se faça um bom planejamento da mídia para não ficar de fora por muito tempo, pois o efeito "1 + 1 + 1 = 4" depende de um certo período para se concretizar.

Não queira colher resultados da mídia em pouco tempo.

Imagine você investindo em jornal diário (três dias por semana), em uma panfletagem e no rádio (chamadas diárias semana sim/semana não).

- Em um mês, nada acontece praticamente, com raríssimas exceções.
- Em três meses, pouco provável, só com muita sorte.
- Em seis meses, se ela tiver sido feita com foco, os primeiros resultados concretos começam a acontecer.
- Em um ano, sua marca está sendo construída a ponto de poder restituir-lhe o que investiu.

Mídia conservadora é menos agressiva, e por isso mais em conta. Devido a um investimento menor, possibilita ao cliente utilizá-la com mais freqüência.

Época de Promoções

Datas comemorativas, como "Dia das Mães", por exemplo, aniversários de lojas, eventos esportivos mundiais, entre outras, não devem passar despercebidas. É preciso envolver a loja, suas vitrines, seus funcionários e clientes no clima da ocasião. Isso tudo serve para promover mais vendas.

Outro fator importante é a parceria com fornecedores e fábricas no sentido de promoverem eventos, sorteios, brindes, entre outras opções. Essas promoções devem ter sua premiação documentada para um álbum da loja, gerando mais credibilidade.

Lojas que se juntam com outras de ramo diferente para promover intercâmbio de clientes com descontos e brindes, formam parcerias sólidas. É claro que se torna necessário selecionar bem com quem fazer tal parceria.

Em contrapartida, a exposição dos produtos deve ser feita de forma a atrair o cliente, chamando sua atenção para a estética do produto. Produtos amontoados não impulsionam tanto as compras quanto produtos bem expostos. Explore todo o design de suas mercadorias, e as vendas certamente aumentarão, pois a forma como você expõe o produto passa a mensagem de consideração ou não por seu cliente em potencial. Expor o produto de qualquer maneira é um desrespeito ao cliente.

Capítulo 4 – Terceira Frente: MARKETING

Os funcionários representam a empresa em diversas situações. Os momentos em que o consumidor é atendido em sua loja são os da verdade, em que se confirmará ou não o que sua propaganda diz a respeito de bom atendimento. É preciso todo um composto de serviços em benefício do cliente. Com tantas opções no mercado, vai ficando cada vez menor a necessidade de o cliente de ter vínculo conosco. Ele só o fará se tiver motivos. É aquela velha história: ao contrário de nós, o cliente não tem obrigação alguma de estar ali. Daí a necessidade de se desenvolver a cultura do bom atendimento na mente do funcionário.

O famoso Diagrama de Pareto tem sido muito utilizado no mundo dos negócios e, em se tratando de clientes, ele indica que 20% deles são responsáveis por 80% do faturamento. É preciso despertar o funcionário para esta realidade: seria um prejuízo perder alguém desses 20% que praticamente sustentam a loja.

Capítulo 5
Cultura de Vendas

Categorias de Vendedores

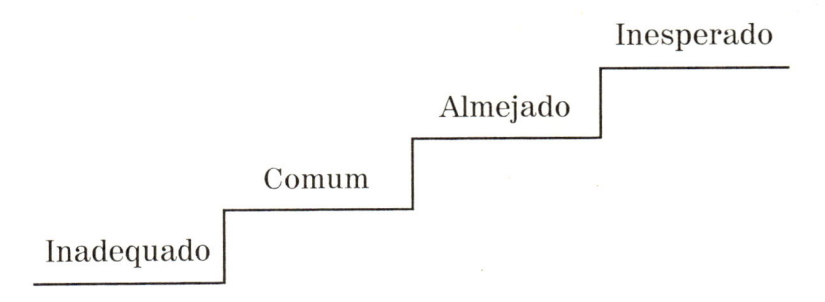

```
                              Inesperado
                    Almejado
           Comum
Inadequado
```

Quando o assunto é vendas no varejo, precisamos entender uma coisa: os vendedores se encontram em categorias diferentes.

1. Categoria Baixa: Vendedor Inadequado

É o tipo que entra no comércio, mas nem queria estar ali. Ele queria estar num escritório, numa empresa, onde pudesse atender de forma rotineira, sem a pressão de ter de vender mais, nada que necessite de tanto esforço quanto o comércio. Pesa sobre ele também a questão do horário do comércio, que nos períodos altos de compras ultrapassa a carga normal.

Ele não se adaptou ao comércio e, por isso, sua insatisfação aumenta a cada dia e seu desempenho não atende ao padrão mínimo de vendas que uma loja deveria ter.

2. Categoria Média: Vendedor Comum

Esse não é o vendedor de seus sonhos, mas é tolerável. Ele não vende horrores, mas o suficiente para ser aceitável dentro de uma loja. O vendedor comum não costuma se destacar muito, e vez por outra encontramos nele algumas características inadequadas. É preciso ser trabalhado por uma boa gerência para produzir mais vendas.

3. Categoria Alta: Vendedor Almejado

O tipo de vendedor que possui foco e, por isso, tende a vender mais que os demais. Ele nem sempre é carismático num ambiente de trabalho, mas sabe ser agradável quando lhe interessa. E uma coisa que o interessa é vender. Geralmente almeja algo mais, como, por exemplo, suceder ao gerente da loja.

4. Categoria Maior: Vendedor Inesperado

Esse é um futuro gerente, pois vende bem três coisas: sua imagem, a imagem da loja e seu produto. Vendedores como esses contribuem significativamente para uma loja mais dinâmica, com a parte operacional atualizada e que vende bem. É o sonho de consumo de um proprietário.

Mas atenção para um detalhe: a experiência tem mostrado que nem todo bom vendedor, ou seja, da categoria alta (vendedor almejado) serve para ser gerente. É a velha premissa de loja: nem todo mundo nasce para as vendas e nem todo bom vendedor nasce para gerenciar.

> Exemplo:
>
> Outro dia, estava almoçando numa praça de alimentação de shopping, quando se aproximou uma moça e me agradeceu: "Quero agradecer-lhe, porque alguns anos atrás, quando eu ainda era uma vendedora, o sr. me disse que eu tinha potencial para ser gerente de lojas. Eu acreditei nisso e hoje estou gerenciando aquela loja".
>
> Ela estava me falando da promoção que viveu em sua vida profissional e eu me lembrei dela: além de bater metas em vendas e ficar em primeiro lugar freqüentemente na loja em que trabalhava, ela possuía uma visão do todo. Se visse, por exemplo, que alguma vendedora havia tirado uma roupa da arara e não tinha colocado outra no lugar, ela mesma, sem a gerente pedir, compunha o espaço. Ia ao estoque, apanhava outra peça e substituía a que foi tirada. Ela sabia da importância daquilo para vender.
>
> Por outro lado, já vi inúmeros casos em que se promoveu uma vendedora ou vendedor à gerência e foi um estrago daqueles, pois a pessoa não correspondeu à expectativa e mudou para pior seu comportamento.

Às vezes, perde-se um bom vendedor e ganha-se um péssimo gerente.

Nível de Funcionários

Existem dois tipos de funcionários muito comuns hoje em dia no comércio:

Um parece que vende   *Outro parece que atende*

Qual desses melhor atende a uma loja?

Aquele que parece que atende é o tipo mais procurado durante uma entrevista para seleção de vendedores.

Vamos entender melhor:

O que parece que vende é um problema para a loja, sem que ela perceba. Ele parece que vende, mas os resultados mostram que ele simplesmente atende o cliente. Na maioria das vezes, o cliente só compra o que veio comprar mesmo; isso, se comprar.

Já o outro vendedor parece que está atendendo, mas na verdade está mesmo é vendendo. Sua solicitude e atenção fixa no cliente passam a sensação de um bom atendimento. Mas a coisa vai mais além. Sem que o cliente se dê conta do que está acontecendo, o vendedor desse nível está vendendo para ele de forma agradável. É o vendedor que tem foco e gosta de vender.

Vendedor que vende dando conta de quem está passando na rua está com pouco foco. E pouco foco gera menos vendas.

> Exemplo:
>
> Fui numa loja outro dia e vi uma vendedora sentada em uma escadinha que dava acesso ao estoque. A outra estava quase debruçada no balcão e dizia: "Você viu a blusinha que chegou? Está ali ó", dizia ela indicando com os dedos para a cliente. Deu-me vontade de falar: "Minha filha, vai lá mostrar a blusa no meio daquelas outras que nem eu sei de qual você está falando. Esforce-se um pouco mais e você realizará mais vendas".
>
> Outro dia, na mesma loja, no meio de um atendimento, assustei-me quando de repente a vendedora falou: "Eu fiquei com ele no verão passado".

Eu tomei aquele susto até entender o que estava acontecendo. Foi quando a outra vendedora que estava no balcão afirmou: "É, eu já sabia que você tinha ficado com ele".

Elas estavam simplesmente continuando a conversa que seria interrompida com a chegada do cliente, mas não foi. Ela pode ficar com quem ela quiser, mas o cliente não precisa saber disso, e nem deseja, ele só quer ser atendido devidamente sem sentir que está atrapalhando alguma coisa.

    É a cultura de atendimento daquela loja. Em lojas onde existe um bom gerente, coisas assim não acontecem.

Envolvendo a Equipe de Vendas

Se existe uma coisa que os empresários e gerentes precisavam fazer, e muitas vezes não fazem, é envolver seus vendedores nas estratégias de mercado da loja. Quando é interessante envolver sua equipe? Vejamos alguns exemplos:

a) Na Véspera da Chegada dos Produtos

Se você fez uma compra e está esperando chegar o produto ou vai sair para comprá-lo, é hora de criar expectativa em sua equipe de vendas. Fale do produto que irá chegar, crie nela o desejo de conhecer logo a mercadoria que vem. Prepare o ambiente antes de o produto chegar para que o vendedor se envolva mais com ele.

É preciso envolver a equipe de vendas com a estratégia da loja para escoar mercadorias. Antes de vir o produto para a loja, é muito importante que se crie toda uma expectativa no vendedor para que ele possa ser contagiado com o espírito da novidade, a ponto de se entusiasmar com a possibilidade de vender mais. Crie essa expectativa antes de o produto chegar para que a sua equipe de vendas possa se motivar com as mercadorias que chegarem, pois isso certamente contribuirá para uma saída maior do produto.

b) Durante as Promoções

Antes de fazer uma promoção, comunique sua equipe. Pelo menos, pareça estar trocando idéias com ela, ainda que você já tenha toda a estratégia em mente. Mostre a eles que estão incluídos na vida da loja. Envolva mais sua equipe.

c) Propagandas Promocionais

Quantos empresários lançam um anúncio veiculado no rádio ou na televisão e não avisam à sua equipe que o anúncio está sendo exibido.

Quando o cliente pergunta alguma coisa a respeito do anúncio, o vendedor não sabe responder e deixa transparecer que nem sabia que alguma coisa estava sendo veiculada na mídia. E, em alguns casos absurdos, esses anúncios comunicam uma promoção do tipo brinde ou desconto e o vendedor não tem conhecimento. Eles vão ter de adivinhar?

d) Ofereça Benefícios

Envolva mais sua equipe, oferecendo pequenas bonificações para quem realizar alguma tarefa de interesse da loja. Por exemplo: a loja quer vender mais um determinado produto que se encontra no estoque. Todas as vezes que algum vendedor conseguir fazer essa venda, ele terá um ganho a mais. Pode ser pouca coisa, que já fará uma diferença enorme no desempenho da equipe com a loja investindo muito pouco.

Nós estamos dando alguns exemplos, mas não significa que você tenha de esperar algumas dessas situações acontecer para envolver seu grupo de vendas.

Em todo o tempo, você deve trabalhar no sentido de envolver seus vendedores.

Quando a equipe está motivada, fecha mais negócios.

Motivação é motivo para agir, é motivo para ação, é motivação.

A motivação ideal seria de dentro para fora, mas, em loja, essa possibilidade é menor; por isso, a loja precisa criar a motivação de fora para dentro, ou seja, a influência do ambiente externo para motivar novas vendas e melhores desempenhos.

Lojas onde forneço consultoria adquirem um hábito em comum: passam a utilizar cartazes internos em locais onde só os funcionários têm acesso, com mensagens de motivação, de incentivo, de orientação.

Recentemente, fui em uma das lojas na qual tinha implantado um sistema de vendas e vi uma figura de um cãozinho se comportando como se tivesse com uma enxaqueca, recortado de alguma revista. A gerente desenhou um balãozinho, desses que são utilizados em revista em quadrinhos, dizendo:

Capítulo 5 – Cultura de Vendas

> Gente: cuida bem de mim, eu sou o estoque.

Esse tipo de comunicação visual no interior das lojas reforça campanhas e a cultura que a loja deseja implantar para aumentar suas vendas e melhorar os procedimentos. Trabalhar com o ambiente interno das lojas no sentido de estimular novas práticas e maneiras de pensar é um excelente recurso para envolver seus vendedores.

Fim de Estação

Em se tratando de moda, o comportamento do consumidor é diferente em cada etapa da estação, o que torna o mercado bem sazonal, na maioria das vezes. Seu comportamento no fim de estação, por exemplo, aumenta ainda mais o risco de se errar nas compras e ampliar ainda mais o estoque.

O comportamento do consumidor no fim de estação gira em torno de:

- Pesquisa de Preços.
- Comprar de Acordo Com as Próximas Tendências (o mais próximo possível).
- Prioridade ao Básico.

Loja que deseja escoar mercadorias mesmo em fim de estação aproveita essa tendência de comportamento do consumidor.

Prepare sua equipe de vendas nestes aspectos:

1. Perfil do cliente no início da estação é ênfase na novidade.
2. Perfil do cliente no meio da estação é ênfase em comprar o que já pegou.
3. Perfil do cliente no fim da estação é ênfase no melhor preço.

As estratégias de vendas no início da estação não devem ser as mesmas dos demais períodos.

Início da Estação

Se você já envolveu sua equipe para a chegada de novos produtos da nova estação, agora é sua vez de tirar proveito disso. Enfatize com eles as novidades, modelos, designs, cores que irão prevalecer. Prepare toda uma estratégia para escoar o máximo de mercadorias logo no início, aproveitando o impacto do novo.

Bom é quando cerca de 70% ou 80% do estoque já tenha girado nos dois primeiros meses sem nenhuma promoção especial. Quando isso ocorre, significa que o produto saiu bem dentro de seu tempo de vida útil. Boa parte do lucro do empresário está nesse fenômeno.

Meio da Estação

Já é bom começar com algumas pequenas e discretas promoções. Apesar de reduzir um pouco a margem de lucro da loja, ainda assim é melhor do que ter de partir para uma desesperada liquidação de fim de estação.

Essas pequenas promoções com ênfase naquilo que já está sendo utilizado pode agradar ao perfil do cliente que chega no meio da estação (modinha).

Fim da Estação

Muitas lojas simplesmente começam a baixar os preços no fim da estação num clima às vezes de decepção, perdendo o interesse em se vender melhor. Mas loja que possui foco continua despertando o interesse do cliente para o valor que o produto tem a fim de garantir que o preço mais baixo realmente resulte em mais vendas.

É preciso ter uma estratégia para fim de estação.

Prepare sua loja:
- Pesquise as tendências da próxima estação.
- Prepare sua equipe para as tendências da próxima estação.
- Explore a venda do básico que combina com qualquer tendência de cores.
- Estude e mostre quais são as combinações da última com as da próxima estação.

> Exemplo:
>
> Quem trabalhou com a moda masculina em roupas, teve algumas oportunidades de aproveitar o fim de estoque da moda outono/inverno nas compras que já visavam à primavera/verão.
>
> Blusa com cores que combinavam com as cores da estação que vinha pôde ser aproveitada.
>
> Calças com zíper nas pernas foram transformadas em bermudas de verão e, com as cores básicas, foram utilizadas com as novas blusas que chegaram.
>
> As novas formas das camisas xadrezes combinadas com um corte que enfatiza mais as formas do corpo puderam ser aproveitadas da moda outono/inverno na moda de verão.

Pesquisas de tendências são fundamentais para aumentar as vendas

A mídia tem se concentrado nos benefícios agregados ao produto, dando prioridade à demonstração do produto sendo utilizado e trazendo satisfação e qualidade para o cliente, em vez de falar da composição do produto em si.

As mulheres são as mais seduzidas pela proposta de serem independentes, arrojadas e dinâmicas.

Amplie sua Network (Rede de Contatos)

É fundamental que você aumente sua rede de contatos, para que possa trocar experiências e aumentar ainda mais seu conhecimento. Não pense que você é o "tal" a ponto de não precisar de mais ninguém.

Quanto mais informações você tiver sobre o que está acontecendo, maiores as chances de melhorar suas estratégias.

Dicas:

- Faça de sua relação com fornecedores uma parceria com troca de informações.

- Observe o que sua concorrência está fazendo e perca o preconceito de conversar com ela.

- Busque soluções conjuntas com fornecedores para seu melhor giro de produtos.

- Tenha a humildade de buscar novos conhecimentos (pesquisa, palestras, feiras, reportagens...)

Erros mais Comuns no Comércio

A imagem de sua loja depende muito do que faz a sua equipe de vendas. O cliente não tem contato com sua loja, ele tem contato direto com o vendedor. A comunicação não será com a loja, mas com a equipe. Por isso, é bom organizar esse atendimento para evitar erros, tais como:

- Conversas fora de hora dos vendedores, formando grupinhos.
- Vestes inadequadas ou odores estranhos.
- Expressões agressivas ou confusas, ou ainda termos técnicos desconhecidos pelo cliente.
- Desinteresse em atender o cliente na hora das trocas.
- Não tentar vender na hora das trocas.
- Não oferecer adicionais.
- Estoque desorganizado, gerando demora no atendimento.
- Vendedor com a cara fechada para o cliente.
- Julgar o cliente pela aparência.
- Discussões na frente do cliente.
- Achar que o cliente está somente "pescoçando".
- Mentir para o cliente.
- Entre outros inúmeros fatores.

Lembre-se sempre: se as vendas são inusitadas, elas podem acontecer acidentalmente ou ser induzidas pela loja e sua equipe. O contrário também é verdade.

Essas coisas precisam ser corrigidas, porque as estatísticas do Sebrae indicam:

Clientes Satisfeitos: oito deles falam bem de sua loja para os outros.

No máximo oito deles, viu?

Clientes Insatisfeitos: 20 deles, pelo menos, vão falar mal da loja.

O problema é que a maioria dos insatisfeitos vai embora reclamando do mau atendimento, e ninguém fica sabendo. Reclamam do estabelecimento fora, e isso é um estrago.

Seu cliente precisa voltar para comprar mais. O único negócio em que você não precisa fazer questão de o cliente voltar é agência funerária. Aliás, se ele voltar, você deve se preocupar. O caixão é um produto que quem usou não volta. Se voltar para reclamar, você está encrencado. Principalmente se tiver com o sujeito que carrega uma foice.

Brincadeira, é claro!

Cerca de 20% a 30% das vendas de uma boa loja são resultado da indicação de alguém que gostou da experiência de comprar nela. Esse percentual é muito importante e, por isso, é preciso que haja uma equipe de vendas preparada para atender os clientes.

Nenhum marketing é tão fundamental para o sucesso de seu negócio quanto o boca a boca. Lojas que não têm essa preocupação com certeza estão vendendo bem menos do que poderiam vender de fato. O contrário também é verdade: assim como um cliente satisfeito atrai mais clientes, um insatisfeito espanta.

Falta de Qualificação: um problema sério

Quando você vai fazer a seleção de funcionários para compor sua equipe de vendas, tende a encontrar:

- Muita gente querendo emprego.
- Pouca gente querendo trabalhar.

> Exemplo:
>
> Numa reunião que fiz com um grupo de 90 pessoas, disse certa vez:
>
> "A maioria de vocês candidatos quer emprego, e poucos querem de fato trabalhar e pagar o preço que o comércio exige para prosperar. Mas lojas não existem para dar emprego para vocês, não. Lojas precisam sobreviver, precisam de lucro, precisam de vender mais e de forma satisfatória. Se vocês forem pessoas que irão proporcionar isso a elas, então haverá vagas para vocês."

Mão-de-obra qualificada no comércio, hoje em dia, é muito difícil de se encontrar. O próprio empresário não teve um curso para abrir o negócio. Ele aprendeu na prática, e, por isso, às vezes, deixa de utilizar ferramentas gerenciais adequadas para conseguir mais de sua loja.

O principal fator dessa falta de qualificação: falta de opções.

Muitas pessoas estão no comércio atualmente por falta de uma opção melhor. Elas queriam estar dentro de um escritório, ou de uma empresa industrial, para simplesmente fazerem o que lhe mandam, sem o desafio de ter de vender mais.

Existem os que gostam de vender e os que são obrigados a vender.

Por isso, a rotatividade no comércio é algo muito comum. Seria muito difícil esperar alguma coisa diferente do que os comerciários oferecem.

> *Tempo de vida útil de um vendedor comum: quatro a cinco anos em média.*
>
> *Depois disso, ele começa a dar problemas e tende a ser substituído.*
>
> *Existem exceções, é claro!*

É muito comum nos enganarmos nas escolhas, porque bons vendedores nem sempre são aqueles que mais impressionam nas entrevistas. Muitas empresas de recursos humanos são especializadas em descobrir talentos, mas nem sempre conseguem o mesmo bom resultado quando se trata de comércio. Um empresário leigo, porém de experiência prática, costuma ter um olho mais clínico neste tipo de assunto. Em menos de um mês, ele percebe se escolheu um inadequado. Já o tipo mais comum engana por mais tempo, deixando a expectativa de que poderia ser um tipo almejado.

Desaconselho os gerentes a colocarem pessoas muito conhecidas ou com algum grau de parentesco nas lojas, pois estas pessoas não entenderiam a pressão por mais vendas, por melhores atendimentos, por procedimentos de organização e tudo aquilo que envolve o bom desempenho. Aliás, sempre que encontro alguém que parece ser um bom vendedor, eu o submeto à operação susto:

"Tem certeza que é isso mesmo que você quer? Trabalhar no comércio não é para qualquer um não, viu? Não tem horário certinho igual ao das empresas que você queria estar; época de Natal, por exemplo, o negócio fica muito complicado. Aqui é lugar para quem está disposto a trabalhar, e trabalhar muito!" Algumas pessoas desistem e voltam atrás. Era o último crivo da peneira.

Quero fechar este assunto falando de seleção de funcionários.

Aspectos da Seleção

Na seleção de pessoal, é aconselhável também que você ouça mais o candidato do que fale. Não é hora de vender seu peixe. Ele naturalmente terá algumas perguntas, e eu explico que as responderei oportunamente. Deixá-lo à vontade batendo papo, antes de entrar no assunto, é uma boa maneira de você descobrir mais coisas. Jamais contrate na primeira entrevista; faça sempre uma segunda entrevista com ele(a).

1ª Entrevista: Eliminatória

Uma chuva de candidatos, e você vai eliminando se não atende ao perfil que almeja, seja por questão de horário, temperamento, experiência etc.

2ª Entrevista: Seletiva

Nesta você seleciona sua equipe. Costumo chamar os candidatos não eliminados e colocá-los em dinâmicas, para observar expressividade, convívio, ambição etc. Costumo chamar o dono da loja para ver junto comigo e mostro as principais características que me chamaram a atenção. Mas a decisão final sempre deixo para a empresa tomar.

Em geral, considero mais potencial do que experiência. No comércio, é muito fácil se adquirir vícios oriundos de outras lojas que atrapalham o desempenho final.

Recentemente, contratei uma equipe de vendas para uma loja que estava abrindo. Segui os seguintes passos:

1. Coloquei um anúncio numa rádio de melhor audiência da cidade.

2. No anúncio, estabeleci que a forma de contato seria o telefone.

3. As meninas que atendiam escalavam duas pessoas a cada meia hora.

4. Só atendemos quem marcou hora por telefone.

5. Quem chegava mais cedo para mostrar pontualidade ou impressionar, recebia a orientação para dar uma volta, saindo da loja para evitar acúmulo de pessoas e tumultos.

6. Atendi em três dias as candidatas, eliminando quem não estava dentro do perfil profissional fundamental.

7. As que não eliminei, convidei-as para uma dinâmica de grupo em sala de treinamento e, juntamente com os donos da loja, vi seus desempenhos para definir escolhas.

Todos os gerentes e proprietários de loja deveriam ter a meta de formar a melhor equipe de vendas possível para o atendimento em sua loja. Entretanto, algumas pessoas nos enganam na entrevista, mas a ilusão tende a se manifestar no primeiro mês.

Observe muito seus funcionários nos primeiros três meses de admissão.

Com isso, concluímos nossa passagem geral pelas quatro frentes de uma loja que deseja obter sucesso nesse ambiente tão competitivo vivido atualmente.

Voltamos a afirmar: melhore sempre que puder, pois seus negócios estão melhorando ou piorando, eles nunca ficam estáveis.

Um amigo, dono de distribuidora de produtos alimentícios, confessou essa verdade dizendo: "Há três anos, pensei que já havia crescido o suficiente e tentei, com isso, manter meu comércio estável. Em um ano, percebi que havia andado para trás. Não tenho outra saída: se quiser sobreviver, tenho de continuar a crescer".

Parabéns por ter vindo até aqui neste livro!

E tenha sempre a meta de fazer crescer a sua loja.

Capítulo 6
Incrementando as Quatro Frentes

Setor de Compras

Quando o assunto é compras, a chave do negócio é acertar o público-alvo. Há pouco tempo, atendi uma loja em que as proprietárias compravam como se elas mesmas fossem as clientes.

O problema é que a localização daquela loja atraía um outro tipo de público. Enquanto elas compravam um produto de melhor qualidade para alcançar as classes "A" e "B", o foco da loja deveria ter sido a faixa "B" e "C". Elas poderiam trabalhar com um produto um pouco inferior, mas com uma faixa de preço mais adequada, mais em conta. Isso porque o público que estava visitando a loja era mais sensível ao preço e com menor percepção de valor. Resultado: o saldo (estoque) da loja havia aumentado assustadoramente e elas ficavam no prejuízo.

Definir preço, hoje em dia, significa definir qual tipo de público minha loja pretende atender.

> Numa certa ocasião, tive um cliente de situação contrária: ele comprava produtos inferiores com o preço mais em conta enquanto os clientes procuravam produtos um pouco melhores e até pagariam um pouco mais por isso. Resultado: suas vendas iam reduzindo e ele reclamando de sua equipe de vendas. Como não quis admitir essa realidade, acabou perdendo seu negócio, passando-o para outra pessoa. A empresária seguiu nosso conselho e decidiu optar por comprar produtos de melhor qualidade. O interessante é que quando ia passar o ponto para ela, o proprietário antigo a levou onde estavam seus melhores fornecedores em São Paulo. Tudo que ele mostrava tinha a estratégia de conseguir o melhor preço. Mas o que adiantaria conseguir o melhor preço, se o consumidor depois não comprasse o produto? Ela mudou a linha de produtos e optou pela qualidade. Resultado: as vendas triplicaram.

*Em se tratando do varejo, quem compra bem,
vende bem. O contrário também é verdade.*

> Tenho uma cliente que possui lojas de variedades em Belo Horizonte e no interior. Quando fui atendê-la pela primeira vez, ela reclamava que sua loja no interior estava vendendo mais do que sua loja na capital. Depois de um certo diagnóstico, ficou constatado que era mais um caso de compra como se ela mesma fosse a consumidora final. Como seu gosto coincidia com o tipo de cliente que ela tinha no interior, ela acertava ao comprar e o cliente se identificava com o produto e, conseqüentemente, com a loja. O contrário acontecia na capital, já que era um outro tipo de cliente, com um poder aquisitivo mais limitado. Era uma loja de bairro em Belo Horizonte, classe média para baixo. Quando passou a comprar diferente de seu perfil e acertando mais o perfil do cliente, suas vendas aumentaram e hoje a loja vende mais do que as que ela possui no interior de Minas Gerais.

*Pare de comprar com base em seu gosto,
como se você fosse o consumidor final.*

Promoções

Recentemente, atendi uma loja que tinha um certo receio em fazer promoções. O conceito de promoção no varejo está ligado ao fato de não ter dado conta de vender a mercadoria num determinado preço. Com isso, antes de sua depreciação, o produto é colocado em promoção a preço mais baixo para que possa girar.

Mas existem algumas coisas que precisamos saber sobre promoções:

1. Nem sempre é preciso baixar o preço de um produto para promovê-lo. Aliás, promover algum produto que está tendo boa saída é muito interessante. O que não significa que tenhamos de mexer em seu preço.

2. Promoção é interessante para a loja; pois passa para o consumidor a idéia de vantagem, além de enfatizar o produto promovido.

3. Ao percebemos que o desempenho de um produto não está bom e que ele corre o risco de ficar parado e até mesmo encalhar no estoque, posso promovê-lo abaixando seu preço, um tempo antes do que se costuma praticar, para amenizar a perda. Um produto de moda, por exemplo, geralmente vai a preço bem mais baixo no final da estação. O que aconteceria se essa promoção tivesse vindo antes, com uma redução mais discreta no preço? O problema é que o lojista vai convivendo com a pouca saída do produto e, no final da estação, resolve baixar seu preço e quase atingir o preço de custo. O prejuízo fica bem maior.

Isso acontece porque falta em nosso empresário, muitas vezes, a "cultura da lucratividade". Tal cultura deveria estar norteando cada loja que funciona hoje em dia no Brasil. O empresário, por exemplo, compra um produto da fábrica, que começa a ter boa saída. Sua atenção se volta totalmente para aquele produto e ele se esquece que algum outro está deixando de sair. Quando o produto vende todo seu estoque, ele pensa: "podia ter comprado o dobro". E, em alguns casos, se realmente tivesse comprado o dobro ele venderia, mas nem sempre isso é verdade. Com isso, o empresário não valoriza o lucro que obteve naquela mercadoria. E o que é pior: como esqueceu de promover alguma outra que não teve boa saída, a baixa performance de uma ofusca o brilho da outra, ou seja, a lucratividade que obteve em uma mercadoria perde na outra. Isso representa menos capital de giro para tentar acertar mais na compra do próximo período.

Na hora de comprar, é preciso também estar atento para as artimanhas dos vendedores das fábricas. Eles têm o interesse de desovar aquele produto que foi produzido e ainda não saiu. Quando não existe uma parceria entre fornecedor e lojista, fica um jogo do ganha-perde, ou seja, para que eu possa ganhar, alguém tem de perder. O jogo ideal para esses momentos difíceis do varejo é o do ganha-ganha, onde ambas as partes mutuamente se ajudam. O primeiro passo para que essa parceria dê certo é a escolha de fábricas que tenham um produto que se identifique com o público que entra na loja, para que o negócio tenha cada vez mais foco e possa agradar o cliente potencial.

Marketing: O Poder da Segmentação

Uma das principais razões para o fracasso dos negócios atualmente é a não identificação com o público-alvo. Por isso, cada vez mais eu preciso segmentar meu mercado, uma das armas mais poderosas do marketing na atualidade. Quem não souber segmentar, ou seja, não encontrar minimercados em meio aos mercados concorridos, não conseguirá sobreviver a esses tempos difíceis.

Vivemos a era da concorrência. Veja, por exemplo, o caso dos produtos estrangeiros. Numa mesma prateleira, concorrem marcas regionais e marcas internacionais. Produto estrangeiro há alguns anos atrás era bom e caro, hoje ele é bom e barato, ou seja, extremamente competitivo. Por isso, na hora de comprar o lojista precisa acertar, pois seus concorrentes podem fazer melhores escolhas e são muitas as opções para isso.

> Uma cliente minha que possui uma loja de tecidos comentava que há alguns anos os produtos brasileiros não acompanhavam as inovações, como ocorre hoje em dia. Uma fábrica, por exemplo, mandava um rolo de tecidos para a loja e logo se constatava alguns buracos. Quando a loja ligava para reclamar, a resposta era que buraco não pesava. Isso antes de vir as fábricas estrangeiras para o Brasil. Hoje, eles nem pensam em mandar um produto com qualquer defeito que seja, pois concorrem com produtos lá de fora e esses produtos são extremamente competitivos.

Antigamente, no interior havia poucas lojas; hoje, para cada segmento existem inúmeras opções, com produtos similares de fábricas diferentes. Veja, por exemplo, o caso das antigas sapatarias. Vendiam de tudo: calçados masculinos, femininos, infantis, esportivos e tudo o mais. Depois disso, vieram as lojas de calçados femininos, outras de calçados masculinos, outras de esportivos, algumas especializadas em tênis e por aí vai. Quem não souber segmentar, não vai sobreviver. As grandes fábricas produzem o calçado acompanhando as tendências. Mas as fábricas menores criam produtos similares. Com isso, surge a modinha, um produto cópia do original mas de marca inferior. Como o consumidor está cada vez mais infiel às marcas, essas fábricas encontraram seu espaço, com um produto parecido e de custo menor. Se o lojista não souber segmentar, perde-se nesse turbilhão de opções que existem no mercado fornecedor.

Para entendermos a importância da segmentação, precisamos recorrer ao velho Diagrama de Pareto, que afirma que 80% dos fatos estavam ligados a 20% das causas. Se projetarmos isso nos clientes, podemos perceber que também é uma verdade no varejo. Procure aplicar em seu negócio e descubra que o princípio 80/20 também se aplica ao volume de vendas de sua loja. Isso significa que 80% de suas vendas são feitas com 20% dos clientes. O segredo está em descobrir quem são esses 20%. E é claro: descobrir os 20% dos 20%. Aliás, cabe a nós fazermos a seguinte pergunta: o que você tem feito para não perder esses 20% que lhe sustentam? Baseado nesta teoria, já deu para perceber que sua loja não pode nem pensar em perder esse grupo de clientes.

Fidelização

O cliente está cada vez mais infiel. Isso é facilmente explicado, já que seu poder aquisitivo caiu e ele possui muito mais opções do que tinha há alguns anos. Por isso, está cada vez mais exigente e mais conhecedor do produto.

Vendedor, por exemplo, que não se atualiza, conhece menos o produto do que o cliente. Logo, fica tão difícil vender alguma coisa para alguém.

Enquanto isso, o comportamento do consumidor vai modificando cada vez mais. Nós já mostramos neste livro que existem pelo menos três classes diferentes de consumidores:

1º Novidade/Qualidade.

2º Modinha/Preço.

3º Preço/Desconto.

O público da categoria Novidade/Qualidade sai para comprar no início da estação e busca aquilo que tem de novo, os lançamentos. Já o da categoria Modinha/Preço viu o que já pegou e só então sai para comprar. Já o pessoal do Preço/Desconto prefere comprar no final da estação e procura por um produto mais em conta.

Entretanto, é importante observar algumas modificações discretas mas crescentes no comportamento dessas classes nos últimos anos:

1º Classe Novidade/Qualidade quer mais descontos do que queria antigamente. Compram menos marcas do que já compraram.

2º Modinha/Preço compram mais marcas do que compravam antes. Passam aperto para pagar, mas tentam comprar aquilo que não era muito recomendável financeiramente antes.

3º O pessoal do Preço/Desconto está cada vez menos querendo ser lembrado de que é pobre quando sai para comprar. Está mais sensível e ciente de seus direitos de consumidor.

Esse fenômeno ocorreu porque, com o advento do Plano Real, ficou mais fácil programar suas compras, suas dívidas e seus parcelamentos. As pessoas vão mais aos supermercados do que iam antigamente e não estocam mais os produtos como faziam anteriormente, quando o reajuste de preços era extremamente dinâmico. Com as oportunidades de crédito e prestações que somem de vista, as 2ª e 3ª classes se sentem com mais poder de compra do que antes. Daí a importância de estarmos atentos às mudanças que ocorrem no comportamento do consumidor e, conseqüentemente, no mercado, para nos posicionarmos da melhor maneira possível.

No início deste livro, mostramos que as pessoas compram mais por desejo do que necessidade. É claro que isso não é uma regra para todo consumidor; aliás, as pesquisas indicam que 80% dos consumidores compram por desejo, enquanto que uma pequena parcela de aproximadamente 20% compra realmente por necessidade. Ainda assim, cabe-lhes fazer a seguinte colocação: lembre-se de quantas coisas que vocês compraram e que poderiam ter vivido normalmente sem elas.

Por outro lado, está cada vez mais difícil tornar o cliente fiel ao ponto de venda, uma vez que ele possui muito mais opções do que antes. Em se tratando de marketing, as lojas e as fábricas lutam intensamente por um posicionamento na mente do cliente. Esse posicionamento é fundamental para que haja a identificação com o comércio – na verdade, todo mundo está mesmo é brigando pelo bolso do consumidor – e, com isso, a preocupação do lojista passa a não ser mais fidelizar o cliente, porque isso se torna cada vez mais difícil, porém é fundamental para a sobrevivência da empresa identificar sua loja com o cliente. Isso não só é possível como também indispensável. O fato é tão complexo, a ponto de trocarmos a fidelização pela identificação. Enquanto uma virou uma utopia, a outra se torna uma questão de sobrevivência.

Cadeia de Identificação

Um termo amplamente utilizado hoje em dia pelo marketing no varejo é a chamada "cadeia de fidelização". Porém, com as mudanças no comportamento do consumidor nos últimos anos, o termo fidelização tem sido cada vez mais uma utopia, pois o consumidor tornou-se mais infiel às marcas ou a alguma empresa específica.

O cliente tende a ir ao ponto de venda em que ele mais se identifica pelo atendimento e, principalmente, pelo tipo de produto e sua faixa de preço. Com tantas opções oriundas das segmentações que os mercados vêm passando, o consumidor tende a ir somente nos pontos com os quais ele realmente tenha uma certa identidade. Por isso, ao invés de se construir uma cadeia de fidelização, é preciso que o empresário se prepare para construir a sua "cadeia de identificação", atraindo o consumidor e dando cada vez mais motivos para ele voltar.

Entender o comportamento do consumidor não é uma tarefa muito fácil. Qualquer mudança no projeto da loja, por exemplo, pode espantar seu público-alvo. Este é um caso de uma pastelaria que se situa no centro de uma cidade razoável do interior de Minas Gerais. Ela vive movimentada e quase não tem lugar para se assentar. O espaço está sempre limitado e as pessoas que passam por lá estão sempre correndo. O dia que o dono da pastelaria resolver ampliar seu negócio e oferecer um ambiente mais confortável para seu cliente, irá correr um sério risco de perdê-lo.

Esse fenômeno de aparentes mudanças que espantam o consumidor são muito comuns. Acompanhei ano passado a experiência de um barzinho noturno que vivia cheio quando só tinha um balcão e as pessoas não tinham sequer um lugar para se sentar. O dia que o proprietário ampliou e inovou suas instalações, seu público foi aos poucos se afastando, até que ele teve de fechar suas portas.

Existem locais que, por serem mais simples, atraem pessoas mais simples. Outros já atraem pessoas de público classe "A" porque oferecem certo conforto e luxo para seus clientes mais exigentes. Um negócio permanecerá dando certo enquanto manter sua identidade com seu público-alvo. Isso envolve a compra do produto, a formação de seu mix, o preço praticado, o atendimento, a exposição, o layout, a localização, as instalações, entre outros fatores, que precisam ser familiares ao tipo de cliente que se deseja alcançar.

Composição da Cadeia

1. Num primeiro momento, o cliente potencial é um passante.

2. Se a loja o atrair com a exposição, localização e projeto, ele pode se tornar um entrante.

3. Como um entrante vê a exposição do produto, o mix da loja e o trabalho da equipe de vendas para que ele se transforme num comprante.

4. Os esforços não param por aí: é fundamental que ele se torne um recomprante. Por isso, é importante que se tenha sucesso nos elos anteriores dessa cadeia. As pessoas voltam às lojas pelas experiências de compras que tiveram e não por aquilo que não compraram.

5. O próximo elo da cadeia é o mais difícil. Fazer com que ele se torne um recomendante, fato que irá refletir no lucro da empresa. Pesquisas indicam que uma boa loja consegue que de 26% a 30% de suas vendas aconteçam por meio desses recomendantes (fãs).

Saúde Financeira

É de fundamental importância que a empresa tenha capital de giro para manter sua existência. Atendi uma loja de artigos esportivos que iniciou suas atividades investindo pesado em sua fachada e aparência. Eram três pessoas que resolveram montar o empreendimento na parte mais movimentada do centro de uma cidade do interior de Minas Gerais. Gastaram praticamente tudo que tinham, contando com um retorno rápido do investimento e com a experiência de compras que dois deles tiveram quando trabalharam para uma rede de lojas de calçados.

Dois problemas existem nesta história: o primeiro é que seu negócio não daria um retorno tão rápido como o esperado. O segundo é que a experiência que tiveram anteriormente era de compradores e não de empreendedores. Quando você ajuda na compra de uma loja que não é sua, na maioria das vezes o interesse da empresa é em seu bom gosto em escolher mercadorias. Quando o negócio é seu, isso não é suficiente. É bom ter bom gosto mas, principalmente, ter a noção daquilo que vai vender.

Eles não conseguiam entender porque estavam conseguindo vendas razoáveis desde que haviam aberto o negócio, mas ainda assim não conseguiam arcar com seus compromissos financeiros.

Alguns erros haviam sido cometidos:

1. Tinham começado investindo mais do que o recomendável. E apesar do ponto ter boa movimentação, o aluguel era muito alto para o poder aquisitivo dos três e para o volume de negócios que seriam feitos em contrapartida às despesas.

2. Achavam que por trabalharem com um produto nem tanto sazonal, como calçados, não haveria problemas caso o produto demo-

rasse a ser vendido. Tive de mostrar a eles que o lucro que teriam estava ficando nas prateleiras. Quanto mais o produto demorasse a vender, menos seriam os ganhos. As duplicatas e as demais despesas não esperam o produto ser vendido para que possam vencer e isso aumentava ainda mais a necessidade de capital de giro daquela empresa, coisa que eles não tinham.

3. Compravam baseados em sua influência por anos de relacionamento com as fábricas, por meio da rede de lojas em que trabalharam dois dos sócios. Com isso, compravam com base no gosto pessoal e no perfil do cliente da experiência anterior. O público-alvo era diferente, mas eles continuaram comprando como se isso não tivesse mudado.

4. Estavam trabalhando além de seus limites e haviam perdido o controle das despesas. Vendiam, mas não viam o lucro.

Quadrante da Loja

Conheço inúmeros empresários que se acostumaram a trabalhar no limite. Possuem uma capacidade de trabalho extraordinária, a ponto de fazerem do corpo humano um escravo à disposição para qualquer hora. Isso tem me preocupado, pois tenho visto que com o passar do tempo o comércio cansa e desgasta até mesmo ao mais dedicado dos empresários, e ele fica sem paciência e disposição para lidar com os detalhes que envolvem o varejo.

Para algumas pessoas que trabalham no limite de suas forças e acima do limite de seu negócio, com um alto grau de risco, os problemas da lucratividade e do comportamento do mercado podem trazer grandes prejuízos.

Lembro-me de uma empresária que só funcionava à base de pressão. Era comum ela fazer um investimento, como, por exemplo, comprar um apartamento à prestação, e correr atrás para conseguir pagá-lo. Sua filha me dizia que por diversas vezes acordou no meio da noite e viu sua mãe andando pela casa fazendo contas, traçando planos para o dia seguinte. Com o passar do tempo, isso se torna inviável.

Hoje, o recomendável é tentar reduzir ao máximo o risco e trabalhar somente se for um risco bem calculado, para não ser uma aventura. Cuidado com o canto da sereia! Existem empresas que correm um risco bem maior do que sua capacidade e a de seu negócio e, por isso, quebram. Existem quatro pontos-chave nos quais um lojista precisa ficar atento:

Compras	*Estoque*
Vendas	*Capital de Giro*

Compras

Qual a quantidade recomendável que você pode comprar para atrair seu cliente. Se o lojista se empolgar em uma feira, por exemplo, e for seduzido pelas novidades do ano, poderá ficar numa situação difícil ao comprar mais do que poderia vender.

Estoque

É fundamental que o lojista esteja atento para a capacidade de estoque que possa dispor para ter a mercadoria que o cliente quer no momento que ele deseja. É preciso ter uma noção do prazo médio que uma mercadoria fica parada no estoque e de quanto ele pode disponibilizar ao cliente.

Venda

Ao vender um produto, é preciso que o lojista esteja atento para a questão da margem e da rotatividade. Alguns produtos são interessantes pela alta rotatividade que possuem. E apesar de não oferecerem uma margem de lucro tão boa, compensam por serem mais escoados. Esses devem ser a grande maioria do mix de uma loja que queira prosperar, ou seja, cerca de 60% a 70%.

Capital de Giro

O ideal é tê-lo o suficiente para não depender de outros recursos, como os financiamentos bancários. A ausência de capital de giro tem sido a principal causa de queda de diversas lojas nos últimos anos. Por isso, é importante que o lojista não trabalhe em seu limite ou acima dele, a ponto de não conseguir financiar o período que compreende entre o momento em que a mercadoria vem do fornecedor e o prazo que é dado ao cliente para poder quitá-la.

Imagine uma loja que vendeu seus produtos na seguinte situação:

- 15% à vista: R$ 9.000,00
- 50% a prazo: R$ 33.000,00
- 15% promoção: R$ 7.500,00
- 15% liquidação: R$ 4.500,00

Ela perde com mark-up (marcação de preço), mais baixo durante a promoção e a liquidação, o que significa menos capital de giro para as próximas compras ou para pagar suas despesas, tais como: fornecedores, folha de pagamento, aluguel, despesas fixas e despesas variáveis. Outro problema sério: como vendeu a prazo, 50% de seu lucro está retido nos 30, 60 ou 90 dias, o que significa que ele só verá a cor do dinheiro daqui há alguns meses. Até lá, vencem suas duplicatas e contas e, dessa maneira, torna-se grande a necessidade de capital de giro para se manter fora da insolvência.

Conclusão

A experiência com consultoria para o comércio nos leva a dividir a loja nessas quatro frentes básicas que tratamos ao longo deste livro.

    1. Setor de Compras
    2. Projeto da Loja
    3. Sistema de Vendas
    4. Marketing e propaganda.

Não tive a menor pretensão de esgotar o assunto, mas simplesmente o convidei a ter uma visão mais sistêmica a respeito de varejo. Nessa rápida passagem que tivemos pelos bastidores do comércio, pautamos algumas ações fundamentais para se obter melhores resultados nos negócios. É claro que poderíamos ter abordado outros assuntos em relação à loja, de grande importância para o leitor, tais como:

- Inadimplência.
- Fases das vendas.
- Técnicas de orientação gerencial.
- Como lidar com roubos de mercadorias.
- Devoluções de produtos.
- Questões fiscais.
- Despesas fixas e variáveis.
- Negociação moderna.
- Entre outros aspectos não abordados nesta oportunidade.

Mas isso seria um outro livro, vamos por partes.

Por ora, estou lhe oferecendo um livro que não deve simplesmente ser lido. Releia-o quantas vezes for necessário e em épocas diferentes.

Espero que principalmente você, lojista, tenha essa obra como um manual de consulta constante, para que possa aplicar os princípios estabelecidos que poderão determinar o sucesso ou o fracasso de seu negócio.

Esta obra é resultado de experiências que tive junto a meus melhores clientes lojistas; é, portanto, composta de técnicas vencedoras que podem fazer a diferença para os negócios.

> *Se a sua loja continuar com as mesmas características que sempre teve, vai continuar obtendo os mesmos resultados que sempre obteve.*

Para que sua loja tenha novas características, é fundamental que você mude seu comportamento, buscando uma melhoria contínua em todos os aspectos de seu negócio, para que possa vencer no mercado.

Lembre-se da premissa: seus negócios ou estão melhorando ou estão piorando. Eles nunca ficam estáveis.

Outra premissa básica que sempre trabalhamos neste livro, e que precisa estar na cabeça de cada empresário, não para desanimá-lo mas para fazê-lo entender que as oportunidades de lucratividade maior sempre existiram:

Sua loja sempre pode vender mais do que vendeu este mês.

Acreditando nisso, jamais se acomode em sua posição no mercado; pelo contrário, seja proativo ao agir, buscando mudanças e melhorias, além de agir de forma objetiva e rápida. Planeje tudo que irá fazer, mas seja ágil, sem adiar as melhorias necessárias.

Você precisa fazer sempre uma análise de seu mercado para entender o que está acontecendo e, com base nisso, agir para buscar melhorias em seus negócios.

O empresário tem a difícil missão de continuar seus negócios sem ter feito um treinamento a respeito disso antes. Geralmente, ele aprende na prática e na dura realidade do mercado. Isso traz seus benefícios e méritos, mas também vícios e necessidades de melhorias.

Conclusão

Esteja preparado para criar, ampliar, reduzir, ajustar, adequar, inovar, acrescentar, repensar, aprender, avançar etc., ou seja, prepare-se para as mudanças que se fizerem necessárias como gestor de seus negócios.

A mudança que sua empresa precisa começa em você, e não deve acabar.

Pense nisso.

E sucesso!

Bibliografia

ASSEF, Roberto. *Guia Prático de Formação de Preços*. Rio de Janeiro: Editora Campus.

CURY, Augusto Jorge. *Inteligência Multifocal*. São Paulo: Editora Cultrix.

FRIEDMAN, Harry. *Não Obrigado, estou só olhando*. São Paulo: Editora Makron Books.

LEVINSON, Jay Conrad. *Marketing de Guerrilha para o Século XXI*. São Paulo: Editora Saraiva.

SEAGAL, Sandra e DAVID, Horne. *Human Dynamics*. Rio de Janeiro: Qualitymark Editora.

SENGE, Peter. *As Cinco Disciplinas*. Rio de Janeiro: Qualitymark Editora.

SPITZER, Dean R. *Supermotivação*. São Paulo: Editora Futura.

Gestão de Clientes

A Arte da Conquista e Manutenção do Cliente

ISBN 85-7303-469-6 / 128 págs.
16 x 23 cm / Cód. 557

Conquistar e manter clientes, segundo Joemar, é uma arte. E como toda arte, depende tanto de fatores humanos, tais como talento, atenção, emoção, quanto de fatores teóricos, como treinamento, técnicas de abordagem, teorias de marketing e de comportamento. Ao aliar esses dois ramos de saber, humanidade e técnica, com um produto de boa qualidade, não resta dúvida que o cliente vai voltar. Depois de ler este livro, você também irá se tornar um mestre nesta arte.

**Conheça todas nossas obras no site
www.qualitymark.com.br**

MEDINDO A SATISFAÇÃO DO CLIENTE

DESENVOLVIMENTO E USO DE QUESTIONÁRIOS

ISBN 85-85360-85-2 / 228 págs.
16 x 23 cm / Cód. 169

O livro traz informações detalhadas e dados científicos (tudo ilustrado) para o desenvolvimento de questionários, com o objetivo de avaliar o grau da satisfação do cliente. Siga as instruções do autor. Aumente sua clientela.

**Conheça todas nossas obras no site
www.qualitymark.com.br**

O FUTURO PRÓXIMO DO VAREJO

Um Verdadeiro Império dos Sentidos

ISBN 85-7303-497-1 / 120 págs.
16 x 23 cm / Cód. 589

Nesta obra, o autor Luiz Freitas apresenta tendências do futuro do varejo, seus aspectos e características predominantes, sem nenhuma preocupação em descrever o futuro de forma profética ou futurística, como descrito em filmes como *2001 Uma Odisséia no Espaço*. O autor lembra ainda que já estamos em 2004 e nada está muito parecido com o que aquele filme propôs. Para ele, o mundo do futuro próximo será bem mais parecido com as histórias de magia e afeto da Bela Adormecida. Um futuro com mais emoção no qual, apesar do grande desenvolvimento da tecnologia, o ser humano se preocupa mais com aspectos da subjetividade do que com os aspectos da racionalidade e lógica.

**Conheça todas nossas obras no site
www.qualitymark.com.br**

Entre em sintonia com o mundo

QualityPhone:

0800-263311

Ligação gratuita

Qualitymark Editora
Rua Teixeira Júnior, 441 – São Cristóvão
20921-400 – Rio de Janeiro – RJ
Tel.: (21) 3860-8422
Fax: (21) 3860-8424

www.qualitymark.com.br
e-mail: quality@qualitymark.com.br

Dados Técnicos:

• Formato:	16×23cm
• Mancha:	12×19cm
• Fontes Títulos:	NewsGothBdXCn BT
• Fontes Texto:	Century725 BT
• Corpo:	11
• Entrelinha:	13
• Total de Páginas:	164

Este livro foi impresso nas oficinas gráficas da
Editora Vozes Ltda.,
Rua Frei Luís, 100 — Petrópolis, RJ,
com filmes e papel fornecidos pelo editor.

LOJAS

MOTIVOS QUE AS LEVAM AO SUCESSO OU AO FRACASSO

O Manual do Lojista

Se a loja vende menos do que poderia vender, você pode mudar essa realidade aplicando os princípios publicados neste livro.